公元787年，唐封疆大吏马总集诸子精华，编著成《意林》一书6卷，流传至今
意林：始于公元787年，距今1200余年

一则故事　改变一生

《意林·少年版》编辑部

编　委

郑　丹，高级教师，安庆市学科带头人，安庆市优秀班主任，在《语文教学通讯》《中学语文教学参考》《新课程评论》《江西教育》等发表论文多篇。

张丽民，一级教师，曾获"思明区优秀教师"荣誉称号、思明区青年教学能手，在《班主任》《语文教学通讯》等期刊发表论文若干篇。

张静珊，一级教师，散文作家，湖南省教师作家协会会员。在报纸杂志上发表的散文有《竹韵悠悠锁梦中》《那一塘摇曳的粉荷》《驿马萧萧屐履深》《兵哥》《被铭记的师恩》《让文学的X光透视灵魂》《天桥晓月照古今》和《枉渚，屈原生命中永恒的驿站》等，约20万字。

姜梦楠，二级教师，自工作以来一直承担班主任以及小学语文教学工作，曾被评为区级优秀青年教师。在带班育人方面，她所带班级多次被评为校级优秀班集体；在教学方面，她主讲的区级观摩课受到广泛好评，参加的市级和区级研究课展示课、撰写的论文等获得多个奖项。

名家美文阅读精选

爱上阅读的53篇经典美文

《意林·少年版》编辑部 编

本书点评教师：姜梦楠

吉林摄影出版社
·长春·

图书在版编目（CIP）数据

名家美文阅读精选.爱上阅读的53篇经典美文 /《意林·少年版》编辑部编. — 长春：吉林摄影出版社，2023.3
ISBN 978-7-5498-5632-9

Ⅰ.①名… Ⅱ.①意… Ⅲ.①阅读课－小学－教学参考资料 Ⅳ.①G624.233

中国版本图书馆CIP数据核字(2022)第222349号

名家美文阅读精选.爱上阅读的53篇经典美文
MINGJIA MEIWEN YUEDU JINGXUAN.AISHANG YUEDU DE 53 PIAN JINGDIAN MEIWEN

出 版 人　车　强	版　　次	2023年3月第1版
总 策 划　宋春华　朱薏楠	印　　次	2023年6月第2次印刷
出 品 人　杜普洲	出　　版	吉林摄影出版社
主　　编　宋春华	发　　行	吉林摄影出版社
图书策划　宋春华　施　岚	地　　址	吉林省长春市净月高新技术
责任编辑　吴　晶		开发区福祉大路5788号
图书统筹　贺显玥		邮编：130118
执行编辑　贺显玥	电　　话	总编办：0431-81629821
封面设计　张　龙		发行科：0431-81629829
美术编辑　张　龙	网　　址	www.jlsycbs.net
发行总监　王俊杰	经　　销	全国各地新华书店
开　　本　787mm×1092mm　1/16	印　　刷	天津科创新彩印刷有限公司
字　　数　140千字	书　　号	ISBN 978-7-5498-5632-9
印　　张　9	定　　价	32.00元

启　事

本书编选时参阅了部分报刊和著作，我们未能与部分作品的文字作者、插画作者取得联系，在此深表歉意。请各位作者见到本书后及时与我们联系，以便按国家相关规定支付稿酬及赠送样书。

地址：北京市朝阳区南磨房路37号华腾北塘商务大厦1501室《意林·少年版》编辑部（100022）
电话：010-51900470

版权所有　翻印必究
（如发现印装质量问题，请与承印厂联系退换）

读书养气　乃为善读

文/伍　剑

在炎炎夏日，我们渴望悠悠凉风。在凛冽寒冬，我们期盼暖暖呆阳。真好，《名家美文阅读精选》来了。捧读这个系列的四本书，不禁为编者的良苦用心点赞。从一个写作者以及教师的角度来说，这套书给我无限的惊喜：选文精当、注重培养语文素养是它的第一个特点，也是最大的亮点。

语文素养是一个大概念，一些家长认为，好的语文素养就是会阅读、会写作。其实，这是一种误解，语文素养中，思维品质、情感体验、品德修养、审美情趣等，更为重要。换一种说法，即家长只注重语文的工具性，不注重语文的人文性。

这套书视野开阔，对标新课标，走出了一般选本机械性一对一的编辑模式，按照爱上阅读、有利成长、用哲理激发孩子的内驱力和掌握写作密码的线性组稿方法，一站式给孩子赋能，这是大语文观的生动体现。

当今孩子的课外读物，要么只谈阅读，要么只谈写作，往往仅围绕阅读和写作技法，罗列素材，生硬解析。孩子们读起来，有一种生活和学习的割裂感，阅读效果并不理想。这套书，通过编辑精心组织，很好地将课本知识的外延扩大，挑选适合孩子心灵，契合孩子阅读口味和阅读习惯的篇章，注重孩子阅读时的代入感，照顾陌生化的新奇感，规避了阅读写作过程中生硬灌输营养，注重吸收的品质和有效性。

本套书的第二个特点，是故事性突出。孩子们喜欢故事，然而不走心的故事，是很难吸引他们的。本套书选取的文章，大多短小，无论写人的，还是写事的，抑或是写景的，都以故事见长，这点很难得。孩子们课业负担重，长篇没时间阅读，短篇正合他们的口味。而短篇要讲述一个适合孩子们的好故事，就更难得，既考验作家的水平，也考验作家对孩子阅读的理解程度。像《为一个人起立》《有只鸟飞过蓝天》等，故事的起承转合恰到好处，故事内容也适合孩子们的心理，阅读效果显而易见。

在选择故事性文章时，编辑将故事进行了详细分类，思维清晰，对孩子们喜欢的故事，不是一股脑选入，而是将对孩子们健康成长有利的排在第一位。再次细分大类别故事时，比如动物故事，编辑摒弃了不适合孩子阅读的篇章，而是选取了可爱、坚韧、智慧、善良的动物主人公，让它们与孩子们在同一个地球上互相关照、共同成长，当然，这也是流行生态文学的可圈可点之处。

本套书的第三个特点，是涵盖知识性。孩子们平时的阅读，很多是分割式的，比如，喜欢科学的孩子就读科技书籍，喜欢文学的孩子就读文学书籍。殊不知，现代学科很多是交叉的，有没有融合多种知识的文学作品呢？本套书在编辑过程中，编辑的视野是交叉的，选取的文章，融合了多种知识，让孩子们在阅读过程中，得到通识教育，也增强了趣味性和可读性，这对孩子们的成长有极为重要的作用，现代社会需要培养更多的复合型人才。孩子们在阅读过程中，不知不觉锻炼了形象思维和逻辑思维能力，这为他们成为复合型人才打下了思维基础。

本套书的第四个特点，是呵护式的详细讲解。孩子们读一本书，能够吸收多少营养？这是我们写作者常常思考的问题，也是编辑很看重之处。这套书，编辑精益求精，邀请了国内一线儿童文学作家、知名特级教师参与。这些一线特级教师具有丰富的教学经验，熟知学生阅读和写作的痛点，对选文点评也是手把手式的。他们结合课内的知识点，解析范文线索、解读亮点、理解要点、点拨写作技法，从范文全貌到大纲，再到细节，从阅读重点到理解难点，从一般表现手法到独特写作亮点，从阅读方式到思想表达，从文字吸收到审美效果，从情感体验到思维品质，鞭辟入里，引导有力。这些一线作家，结合自己的写作经验，讲解具有普适性，使孩子们在有限的时间里，掌握了课堂上没法掌握的知识点，吸收考试提分的营养，增强了成长的动力，让孩子们爱上阅读、爱上写作、爱上语文。

最后，祝愿所有读到这套书的孩子健康成长，前程似锦！

目录 CONTENTS

第一辑　会唱歌的火炉

等我也长了胡子/汤　锐 …………… 1
捉　贼/张爱国 ………………………… 2
18里雪路/蒋建伟 ……………………… 5
夜　路/周　莹 ………………………… 8
会唱歌的火炉/迟子建 ……………… 10
一个人的演讲/张以进 ……………… 13
冬　储/毛云尔 ……………………… 16
耗子大爷起晚了（节选）/叶广芩 … 18
祖父的园子/萧　红 ………………… 21
那年夏天/王立春 …………………… 24
到南边去/明月雁 …………………… 26
琉璃灯/吴新星 ……………………… 29
只有一票/吉葡乐 …………………… 32

心　声/黄培佳 ……………………… 34

第二辑　把你种在花园里

叽叽喳喳的寂静/顾　城 …………… 37
八岁那年的玉米地/田中美 ………… 38
花边饺里的母爱/肖复兴 …………… 40
把你种在花园里/赵　菱 …………… 42
被鹅毛压垮的男人/徐竞草 ………… 44
灯塔岛的年夜饭/张　帆 …………… 46
寂　寞（节选）/冰　心 …………… 49
继母的账本/艾　妃 ………………… 52
家有福尔摩斯老妈/张骏杰 ………… 54
接年饭/张忠诚 ……………………… 57
敲　雪/刘靖安 ……………………… 60
爸爸的爸爸妈妈/崔曙光 …………… 62

扎灯匠/申赋渔……………………65

姐姐的日记/叶佳琪……………68

掌灯猴的儿子/乌娜姬……………70

爷爷去了月亮上/阿拉坦格日勒……72

老哥，别来无恙/黎瞳羽……………74

奶奶的27字家书/张　红……………76

鸭的喜剧/林海音……………………78

第三辑　雪地是春天的演草纸

风偷去了我们的桨/顾　城…………81

带刺的朋友（节选）/宗介华…………82

雪之殇/毛云尔………………………85

篮儿村月令（节选）/赵梓淳…………88

夜　霜/郭　风………………………90

雪地是春天的演草纸/李德民………91

月是故乡明/季羡林…………………92

春天的姿态/雨　兰…………………94

霜是轻轻的暖/米丽宏………………96

雪/鲁　迅……………………………98

一朵过路云/王宗仁…………………100

竹　影/丰子恺………………………102

紫藤萝瀑布/宗　璞…………………105

第四辑　蜜獾哥的别样温柔

绿/艾　青……………………………109

冬冬要回大运河/王海滨……………110

鳄鱼王的继承者/李袁媛……………112

河套里的狼/秋　泥…………………114

猎人尕布/蒲灵娟……………………116

老岩叔的秘密/王　芳………………118

给大象拔刺/沈石溪…………………121

蜜獾哥的别样温柔/李袁媛…………124

围　猎/钱荣斌………………………127

峡谷惊魂/刘　虎……………………130

驯鹿迁徙时/袁　博…………………132

等我也长了胡子

文／汤锐

等我也长了胡子，
我就是一个爸爸，
我会有一个小小的儿子，
他就像我现在这么大。

我要跟他一起去探险，
看小蜘蛛怎样织网，
看小蚂蚁怎样搬家。
我一定不打着他的屁股喊：
"喂，别往地上爬！"

我要给他讲最有趣的故事，
告诉他大公鸡为什么不下蛋，
告诉他小蝌蚪为什么不像妈妈。
我一定不对他吹胡子瞪眼：
"去去！我忙着哪！"

我要带他去动物园，
先教大狗熊敬个礼，
再教小八哥说句话。
我一定不老是骗他说：
"等等，下次再去吧！"

哎呀，我真想真想
快点长出胡子，
到时候，不骗你，
一定做个这样的爸爸。

解析范文线索：

"我"和父亲去捉偷稻草的贼,父亲决心捉贼→"我"发现是矮婶和孩子偷稻草,感受到他们的不容易,决定放走他们→回家后父亲让母亲送稻草给矮婶家,之后的日子母亲经常带着"我"偷偷送稻草过去

捉 贼

文/张爱国

佳句解析

这里的细节描写比如弓腰缩背、双手紧拢这些动作描写,写出了此时十分寒冷。

小题大做

本义指不恰当地将小事当作大事来处理,有故意夸张的意思,这里我是在埋怨父亲寒夜里出来捉贼。

天地间一片死寂,只有大朵大朵的雪花落地的"沙沙"声。我弓腰缩背,双手紧拢,踩着没过脚踝的雪,跟着父亲走向村外的后岗。父亲仿佛看出了我的怨气,说:"今晚一定能捉住那个贼。"

"不就几捆稻草吗?大半夜还出来受冻!"我没好气地说。我总觉得父亲是小题大做。

"你说得轻巧,没了稻草,开春后咱家大牯牛吃什么?"父亲说着就愤愤起来,"再说了,不要脸的贼你不捉住他,还不知要祸害多少人呢!"

到了后岗,父亲用手电筒四下照了照,茫茫雪地里,只有我家一大一小两个草堆,顶着厚厚的雪,静静地矗立着。

我和父亲钻进小草堆洞里，茫然地看着黑咕隆咚的雪的世界。

不知过了多久，雪停了，却下起了冰子，纷纷扬扬地撒进草堆洞。草堆洞俨然成了冰窖，没有一丝温度。我正要推醒父亲回家，却见一团微弱的灯光向这边慢慢移来。很快，我看到了，是两个孩子，一大一小。

"从里面拉，轻点，别拉倒了草堆。"小个子低声对大个子说完，还挥了挥右臂——半截右臂！天哪！她不是孩子，是矮婶啊！我忘记了推醒父亲：矮婶怎么会干这种事？怎么干这种事还带着儿子小江——小江比我还小一岁啊！

小江双手抓着一捆稻草使劲往外拉，一个没注意，重重地滑倒在雪地里。矮婶放下煤油灯，用左手吃力地拉着小江刚刚拉过的那捆稻草，可稻草压得太紧，她发了好几次力也拉不下。小江不忍，上去帮忙，母子俩好不容易才拉下了一捆稻草。然后，他们又合力拉下一捆。矮婶提起一捆稻草就要回家，小江却犹豫着说："娘，再拉一捆吧，够牛吃三天了。"矮婶看看草堆，摇着头说："算了吧，你四伯家的牛也要吃草呢。"说完，母子俩提着稻草一前一后地往回走。

我已经决定不叫醒父亲，让他们走了，可父亲突然醒来，一声大叫，明亮的手电筒的光就照在了三四丈开外的母子俩身上。我急忙抓住要往外冲的父亲，与此同时，父亲刚出口的"不要脸的……"也硬生生地吞回了半句——他也似乎明白了什么，慢慢地坐回原地。

"是矮婶。"我贴着父亲的耳朵低低地说。

"哦，拿草的是二柱三柱吧……你们……"父亲关了手电筒，大声地说，"你们拿回去吧，明天……明天我再找你们算账……"

回到家，母亲还坐在床上纳鞋底，问我们抓没抓到贼。见我们谁也不说话，母亲才发现我们的神情很<u>凝重</u>，就追问到底发生了什么。

"唉，老天造孽啊！"父亲长长地叹口气说，"你这就

我得把这些好词佳句记下来。

凝重

通常指神色表情，这里从侧面凸显出"我"和父亲因为矮婶和孩子们的举动而受到震撼。

佳句解析

一连串的细节描写让读者感受到母亲的淳朴与善良。

起来,给桂香送稻草去……"

"是桂香啊?"母亲吃惊地大张着嘴,继而猛拍脑门,懊恼地说,"我应该早就想到是她娘几个——秋天她家的草堆失了火。"母亲一边穿衣服,一边喃喃地说:"一个女人家,一见人就脸红,手又不便,还带着那么多孩子,再加上牲口,这冰天雪地的草不够用,可怎么熬啊……"此后,每隔两三天,夜深人静的时候,母亲就带着我,将几捆稻草悄悄地放到矮婶家的门口。

阅读理解要点:

本文开篇借用环境描写,衬托出"我"心情十分烦躁,不情愿去捉贼,觉得父亲因为几捆稻草冒着大雪去捉贼小题大做。当我看到是生活艰难的矮婶和孩子偷稻草时,内心十分震惊。放走了娘俩回家后,我们一家人还经常偷偷送稻草过去帮助矮婶一家人,表现了我们一家人的淳朴和善良。

写作方法:

本文使用了环境描写,例如开篇使用了环境描写衬托人物心情。另外,本文人物细节描写形象生动,将人物塑造得十分立体。

解析范文线索：

第一次走夜路内心十分寂寞和恐惧→遇到路人，内心极度恐惧→与家人诉说遭遇，享受亲情的温暖→为自己走18里半夜雪路而自豪

18里雪路

文/蒋建伟

大雪**纷飞**，雪路蜿蜒。我戴了顶雷锋叔叔戴的那种棉帽子，两片帽帘刚好护住耳朵；脚上穿一双翻毛大头鞋，走起路来"吱嘎吱嘎"乱响。茫茫旷野里，我小小的身子一颠一簸的，冒着热气的汗把里层的衣裳都溻透了；棉袄的外头罩了爹的黄布褂子，雪花落在褂子上化掉，又迅速冻上，硬邦邦的，两只胳膊一甩，"啪啪啪啪"响，好像一个小兵马俑在走路。

黄昏时从镇中学出发，不知不觉，我已经走过了8个村庄。天是灰白的，因为下着雪，可现实里，现在还是黑夜啊！人们都睡着了，鸡、鸭、鹅、牛、羊、马睡着了，鸟雀们睡着了。刹那间，静，一把抱住了我，紧紧地。这种静很巨大，很虚空，很冷，令我不寒而栗。耳朵有些听不见声音了，我搂住头，揪了揪帽帘，壮着胆子"啊"了一声。我听见了自己的回声！虽然很短，很急促，但很真实，不虚空。

走到高庄村的时候，我就想，要是碰见一个亲戚多好！可走过了小蒋庄、大石营村，我连只麻雀也没碰见。快到小石营村了，远远地，一个黑点正向我移来！

那是一个背麦秸的农民。一条黑头巾缠在他的头上，只露出两只贼溜溜的眼睛。我高兴起来，想跑过去跟他打招

纷飞

点出雪很大，表明"我"接下来的行路将会异常艰难。

佳句解析

开头对自己的外貌、动作进行了细致的描写，将"我"有些寂寞，在雪夜里十分渺小的形象展现在读者眼前。

呼。那人却走得很缓慢，很迟疑，是不是他不想理我？他跟我擦肩而过，真快。隐隐约约，我听见一个低沉的声音："你是……建伟吧？"他怎么知道我的名字？可没等我细问，他便快步走掉了。大雪天，他背了一筐麦秸干什么？难道……他是个偷麦秸的贼？关键是，他认识我，被别人抓住的话，他会不会诬陷我也是小偷？突然，一种巨大的恐惧感袭来。心，宛如一架中弹的飞机，想努力攀爬上升，却在云层里越飞越低，最后一头坠入谷底。

　　我一路小跑，凌乱的脚步声挤满耳朵。直到我上气不接下气地跑到蒋寨村，跑回家，一口气喝了两大碗白开水，才缓过神来。

　　我跟爹、娘和姐姐他们好一番讲述。听完，爹神色平淡地说："大石营村的你二姑父家，地少人多，他也常常去别的村子偷麦秸烧。"二姐说："二姑父原来是个贼！"大姐说："我猜，那人就是二姑父。"我爹打岔道："再瞎说，

隐隐约约

形容模糊、不真切，这里指由于天气原因，视线和声音都很模糊。

佳句解析

运用了比喻的修辞手法，将心比喻成中弹的飞机，生动形象地写出了我从开始遇到路人的开心到后来发现路人认识"我"后恐惧的心理。

我拿一根针把你的嘴缝上……"不想,大姐小嘴一噘,故意做了个傻乎乎的动作,惹得我们一阵乱笑。其实,我和姐姐们好像一群小鸡,钻进父母巨大的翅膀下取暖,这才是世上最快乐的事,至于谁是那个贼,已经没什么意义了。

  我真的很佩服自己,12岁,3个小时,15个村子,小小的年龄,竟然一口气走了18里路。那可是18里的半夜雪路啊!

用一系列数字,直观地写出走夜路的不易。

阅读理解要点:
  本文写出了一个12岁的孩子第一次走夜路的心路历程,从最开始的内心十分寂寞,产生恐惧感,需要壮着胆子继续走;到看到路人的高兴,终于可以在寂寞的路上不孤单了;再到发现路人认识"我"时的胡思乱想,极度恐惧;最终回到家后,感受到了家的温暖,因自己走了18里半夜雪路,觉得非常自豪。

写作方法:
  本文是记事类文章,除此之外,作者还善于运用心理描写,将自己极度的恐惧充分表达出来,我们在写作时也可以通过描写心理,让读者更能身临其境。

解析范文线索：

半夜听见姑姑病重，要和奶奶走夜路去姑姑家→走夜路的时候"我"很害怕，奶奶鼓励"我"→得知是"我"听错了传话声，姑姑并没有生病

夜 路

文/周 莹

夏季时，爸妈到山那边去帮别人管理"高山蔬菜园"。许多个夜晚，只有我和奶奶在家。

有天半夜，睡梦中的我被一阵叫声惊醒。

迷迷糊糊中，我听到有人喊说姑姑岚湘子得了急病，快要不行了。我告诉奶奶后，奶奶催我穿好衣服，然后牵着我的手就出门了。

我家在秦巴山脉深处的清风源，姑姑家在山那边的清风坡村。

那是一个没有月亮的深夜。黑夜**密密麻麻**涂满了山川和田野。清凉的夜风在身后呼啦啦转圈，再爬上头顶，打着卷儿，盘旋，呼啸，**呐喊**。

丛林里的所有植物都在黑夜中沉沉睡去。朦朦胧胧的黑，让我感觉自己仿佛被染成了黑色。我小声说："奶奶，我怕黑……"

奶奶用右手拍打着我的脊背："不要怕。半夜走路，走着走着，天就亮了。奶奶给你唱首歌吧——八月里来是中秋，桂花开得香悠悠，戴花娘子孟女流，药名厚朴加紫苏……哎呀呀，我唱错了。"奶奶连忙停住。

我忍不住"扑哧"笑出声来。

轻柔细腻的夜风、婉转悠扬的歌声，像一股甘甜清冽的

密密麻麻

本义指又多又密的样子，这里运用拟人的手法，形象地描绘出黑夜笼罩大地时的黑暗。

呐喊

运用拟人的手法，渲染出夜风之大。

山泉，轻轻漫过我紧张的心田。不知不觉中，我们翻过山坳，走进了一片茂密的丛林。远处传来几声鸡叫，天就要亮了。

这时，树林里传来了些许美妙而细微的声音。我忍不住问奶奶："这是什么声音呢？""是板栗苞子炸开了。不等天亮，板栗们就要争着抢着落地。"奶奶的话音刚落，一只喜鹊突然"嘎——嘎嘎——"叫着从我们头顶掠过。奶奶笑眯眯地说："嗨呀呀！喜鹊叫喳喳，好事到我家。看来，我姑娘应该是没事啦！"奶奶说完，望着丛林外面长长地出了一口气，然后她伸出双手合成喇叭状大声喊："岚湘子，你还好吧——"

清冽的空气从山的那边带来一个回音："妈，我很好。您咋这么早呢？是不是鸡一叫就从家里出发了？"

竹林外的稻场边，年轻的姑姑正朝着这边挥手。

直到这时，我们才得知，昨晚我听错了传话人的喊声，突发疾病的是邻村一个刚过门的媳妇，名字叫兰香儿，而不是岚湘子。"欧耶——呜啦啦——"我转身，对着清风源那连绵起伏的远山，发出了清脆的呼唤声。

第一次走夜路，在夜行的路途中，我看见了什么呢？我不仅看见了自己的胆小、懦弱、恐惧和无知，还看见了奶奶的勇敢、坚定和毫不畏惧。

忽然之间，我就明白了——当我不再害怕黑夜时，黑夜马上就变得亲切起来了。

佳句解析

运用比喻的修辞手法，生动形象地描写出轻柔细腻的夜风、婉转悠扬的歌声让"我"紧张的心情放松了一些。

我小时候走夜路，也很害怕。

写作方法：

本文通过写走夜路感悟到自己的不足，同时也感受到奶奶的勇敢、坚定和毫不畏惧。通过留意身边的小事时时反思，为作文积累素材是提高作文水平的方法之一。

思考与练习：

1."丛林里的所有植物都在黑夜中沉沉睡去。"这句话运用了什么修辞手法？作用是什么？

2.你有走夜路的经历吗？回忆一下自己的经历，仿照文章第五自然段写一写你当时的感受。

解析范文线索：

由冬天的火炉联想到小时候跟大人上山拉柴火→和姐姐在冬日与父亲共同拉柴火，更深刻地认识了父亲→感激父亲让少年时期的自己与大自然亲密接触，变得热爱劳动→柴火在火炉里燃烧着，就像是一个歌手在歌唱

会唱歌的火炉

文/迟子建

冬天一到，火炉就被点燃了，它就像冬夜的守护神一样，每天都要眨着眼睛释放温暖，一直到次年的五月，春天姗姗来临时，火炉才能熄灭。

火炉是要吞吃柴火的，所以，一到寒假，我们就得跟着大人上山拉柴火。

我们家拉柴火，都是由父亲带领着的。姐姐是个干活实在的孩子，所以父亲每次都要带着她。弟弟呢，那时虽然也就是八九岁的光景，但父亲为了让他养成爱劳动的习惯，时不时也把他带着。他穿得厚厚的跟着，看上去就像一头小熊。

我们通常是吃过早饭就出发，我们姐弟三人推着空车上山，父亲抽着烟跟在我们身后。

冬日的阳光映照到雪地上，格外刺眼，我常常被晃得睁不开眼睛。父亲生性乐观，很风趣，他常在雪路上唱歌、打口哨，他的歌声有时会把树上的鸟给惊飞了。我们拉的柴火，基本上是那些风刮倒的树木，它们已经半干了，没有利用价值，最适宜做烧柴。那些生长着的鲜树，比如落叶松、白桦、樟子松是绝对不能砍伐的。父亲是个爱树的人，他从来不伐鲜树，所以我们家拉烧柴是镇上最本分的人家。为了

佳句解析

开篇用一个比喻结合拟人的句式，先把火炉比作冬夜的守护神，又赋予火苗人格，燃烧的火焰仿佛"眨"着眼睛，将火苗的形态描写得活灵活现。

这，我们就比别人家拉烧柴要费劲些，回来得也会晚。

父亲用锯把风倒木锯成几截，粗的由他扛出去，细的由我和姐姐扛出去。把倒木扛到放置手推车的路上，总要有一段距离。有的时候我扛累了，支持不住了，就一耸肩把风倒木丢在地上，对父亲大声抗议："我扛不动！"那语气带着几分委屈。姐姐呢，即便那风倒木把她压得抬不起头来，走得直摇晃，她也咬牙坚持着把它运到路面上。

天越冷，火炉吞吃的柴火越多。我常想火炉的肚子可真大，老也填不饱它。渐渐地，我厌倦去山里了，因为每天即使没干多少活，光是往返十几里雪路，回来后腿脚也酸痛了。我盼着自己的脚生冻疮，那样就可以理直气壮地留在家里了。可我知道生冻疮的滋味不好受，也就只好天天跟着父亲去山里。

现在想来，我十分感激父亲，他让我在少年时期能与大自然有那么亲密的接触，让冬日的那种苍茫和壮美注入我幼小的心田，滋润着我。每当我从山里回来，听着柴火在火炉中"噼啪噼啪"地燃烧，都会有一股莫名的感动。我觉得柴火燃烧的

理直气壮

本义指理由充分，说话气势就壮。这里表现出"我"希望自己生冻疮就能有合理的借口不去拉柴火，在家休息。

苍茫

苍茫和壮美用来形容环境，作为环境描写词使用让文字变得优美。

11

声音就是歌声，火炉它会唱歌。

火炉在漫长的冬季中就是一个有着金嗓子的歌手，它天天歌唱，不知疲倦。它的歌声使我懂得了生活的艰辛和朴素，也懂得了劳动的快乐。

阅读理解要点：

本文展现出在冬日阳光下，一家人热爱劳动的生活气息。火炉带给了我们温暖，还饱含着父亲严格教育我们时的慈爱。在艰苦的童年岁月里，这种氛围培养了作者热爱生活、积极乐观的人生态度，流露出作者对那段美好而苦涩的时光的怀念和感激之情。

写作方法：

这篇文章运用了诸多的修辞手法，比如说"冬天一到火炉就被点燃了，它就像冬夜的守护神一样，每天都要眨着眼睛释放温暖"运用了比喻的修辞手法，生动形象地表达出火炉的重要性，驱走了冬日的严寒，带来了温暖。另外，"眨着眼睛"也用了拟人的修辞手法，生动形象地展现出炉火跳动的情景。

思考与练习：

1."我们家拉烧柴是镇上最本分的人家"一句中"本分"是什么意思？从我们家拉烧柴的"本分"做法中可以看出父亲具有什么样的优秀品质？

2.文中"冬天一到，火炉就被点燃了，它就像冬夜的守护神一样，每天都要眨着眼睛释放温暖"一句意蕴丰富，请从语言表达的角度对此句进行评价。

3.作者把火炉比喻成"有着金嗓子的歌手"，蕴含了什么样的深意？

解析范文线索：

十岁那年老师推荐"我"参加演讲比赛→父亲陪"我"练习演讲，鼓励"我"要积极面对人生中的每一个第一次→"我"的演讲获得第二名，"我"因此受到很大鼓舞→得知父亲的真实用意

一个人的演讲

文/张以进

十岁那年，班主任陈老师推荐我参加学校的一个演讲比赛。得知消息后，我心里忐忑不安。我是个农家孩子，虽然作文写得好，对演讲却是**一窍不通**；至于登上那高高的演讲台，更是从未有过的经历。

放学回家，我带着哭腔恳求父亲："爸，我不想去演讲。你去跟老师说说，让其他同学参加吧。"父亲从口袋里摸出旱烟筒，说："我到陈老师家去一趟，答应与不答应，你都要准备。"

父亲很晚才回家。他走到我床前摇了摇头，一直醒着的我瞬间明白了父亲的意思——陈老师没答应。看着父亲**无可奈何**的样子，我转身给了他一个脊背，心想：这么点儿事都求不到陈老师。

因为这件事，我很生父亲的气。第二天放学后，父亲端给我一碗米饭，我也没理他。晚饭后，我写完作业，一直蹲在旁边的父亲对我说："拿着要演讲的那篇文章，你跟我来一下。"

趁着夜色，父亲把我带到了学校的操场。满天的星光下，校园里空无一人，只能听到蟋蟀的鸣叫声。

父亲带我走上操场边的主席台，拿出一个崭新的手电

一窍不通

比喻什么都不懂，常含讽刺的意味，这里指"我"由于缺乏自信，自我评价很低。

无可奈何

指没有任何办法，只好这样了；这里是父亲的缓兵之计，他希望帮助"我"突破自己的胆怯。

13

筒，说："你站在这里，讲一讲那篇文章。"父亲的话里充满了鼓励，让我无法拒绝。我接过手电筒，父亲走到台下，搬了块石头坐在上面。

借着手电筒的光线，我硬着头皮开始演讲，没讲几句，就开始结巴。我抬头看看父亲，他在台下静静地听着，像个忠实的听众。停顿片刻后，我从头开始演讲。一遍，两遍，起初我感觉很不自然，有时候连话语都不连贯。说着说着，我心中的恐惧渐渐消失了，演讲也逐渐通顺起来。到了精彩之处，父亲还为我鼓掌加油。

那天晚上，朴实的父亲帮我完成了人生中的第一次演讲。"每个人都会遇到第一次，所以要学会面对。"回家的路上，父亲这样告诫着我。

经过一个多星期的努力训练，我登上了学校演讲比赛的舞台，并获得了第二名，这给了我很大鼓舞。从那以后，每当遇到艰难曲折，我总会想起父亲的话。

亮点解读

该段描写了我演讲时的心理活动，从结巴到通顺演讲，都离不开父亲的鼓励。

光阴荏苒。四十年后的一天,我去拜访陈老师,无意中说起那次演讲比赛,陈老师的回答让我大吃一惊:"你父亲确实来找过我,但没说过让你退出比赛。"

回家后,我问起父亲,父亲笑笑说:"每只雏燕都要经历第一次试飞,没有第一次试飞,燕子怎么能学会高飞呢?所以我根本没想让你退出比赛。我去找陈老师,只不过是想听听陈老师对你的评价。"

四十年后,我终于明白了父亲的心意。就像第一次试飞的燕子,在父亲的默默鼓励下,我飞出了一个崭新的人生世界。

佳句解析

父亲用雏燕试飞说出了每个人都要经历第一次的道理,点明主旨,在父亲眼里,"我"就是那只需要经历第一次突破的雏燕。

阅读理解要点:

"我"起初因为没有演讲经历而不敢参加演讲比赛,让父亲找老师换人没能成功,还因此埋怨父亲。而父亲却陪"我"练习演讲,并一直鼓励"我",告诉"我""每个人都会遇到第一次,所以要学会面对"。最后我获得了演讲比赛第二名的成绩,受到了很大鼓舞。多年以后"我"才得知事情的真相,"我"很感激父亲,是父亲让"我"有勇气面对生活中的困难与挫折。

写作方法:

这是一篇记事类文章,人物细节描写成功,还加入了一些修饰词,更能帮助读者理解文章中主人公的想法。例如:"借着手电筒的光线,我硬着头皮开始演讲,没讲几句,就开始结巴。我抬头看看父亲,他在台下静静地听着,像个忠实的听众。""硬着头皮"表明"我"对演讲比较抵触,胆子小,不想参加比赛;"静静地"表现出父亲的认真,不敢打扰"我",只想给"我"鼓励。

解析范文线索:

回忆小时候抱南瓜回家冬储的经历→回忆父母秋天在田野和山坡准备冬储的辛苦劳作

冬 储

文/毛云尔

一入秋,便开始冬储了。田边地角,是不能小瞧的。远远看去,杂草丛生,但是,走近了,会有许多惊喜。当我们拨开草丛,一个接着一个,金黄色的南瓜像石头那样,骨碌滚动着,出现在眼前。

> **佳句解析**
> 开篇有方位视角的移动,由远及近,从远远看去到走近的一个一个,画面感十足。

我们要将瓜抱回家。瓜个头太大,特别沉,我们年纪小,身体里的力气很快耗尽了,只能走走停停。我们坐在田埂上,喘口气,然后,抱着瓜继续往家的方向走。

小时候的我,身体瘦小,抱着瓜走在秋天广袤的天空下面,那模样,就像一只小蚂蚁在摇摇晃晃地赶路。有时,一不小心,一个趔趄,连人带瓜从田埂上滚下去,所幸人安然无恙,瓜也是好好的。

这些抱回家的瓜,需要一个地方来储藏。可家里的角角落落,堆满了各种各样的物品,最后,我们只能将它们塞到床底下。几乎整个冬天,我们就躺在塞满了瓜的床上睡觉。

半夜醒来,口干极了,想喝水,黑暗中却怎么也找不到鞋子,俯下身子,双手到处摸索,突然,摸到一个冷冰冰的东西,吓了一跳。许久才想起原来是塞在床底下的那些瓜,长吁一口气,**骤然**收紧的心这才慢慢舒展开来。

骤然

突然、忽然,这里是说紧张的心情得到了舒缓。

在我的印象里,如何将这些瓜运回家,如何将它们塞到床底下,父亲和母亲几乎不操心这些事情。这其实是有道理的，毕竟在所有冬储中，这是最简单的工作。就在我们将这些瓜抱回家时，父亲和母亲则在田野里或者山坡上**挥汗如雨**。

秋天雨水多，他们必须趁着晴朗的日子，将田里的稻谷收割，晒干，放进谷仓里。稻谷储藏好了，并不意味着田野里的事情全部完成，那些散落在田野中间的稻草也需要运回来。父亲拖着板车，一车一车将稻草拉回来。这些稻草堆放在牲厩的横梁上面。冬天，天气寒冷，四野光秃秃的，牛整天关在牲厩里，全靠这些干稻草度过这段难熬时光。

田野里的事情忙完了，父亲和母亲马不停蹄地来到山坡上。父亲挥动锄头，将红薯从地里挖出来，母亲蹲在地上，抖落红薯上的泥土，放进箩筐里，然后一趟一趟地将它们挑回家。

屋檐下，从山坡上挑回来的红薯堆成小山模样。接下来，在星光满天的夜晚，将这些堆积如山的红薯刨成细细的薯丝，用井水过滤，在秋阳下晒干，最后装入蛇皮袋，放置谷仓中。

因谷仓太小，放不下这么多，剩下几个装了红薯丝的蛇皮袋子，就吊在家中的房梁上，看上去，像练习拳击的沙袋，在头顶上晃来晃去。

直到这时，冬储才差不多算完成了。

挥汗如雨 本义是天气热，出汗多，这里指我看见父母在田间地头辛勤劳作。

这篇文章写得真好啊!

阅读理解要点：
　　本文写了小时候一家人进行冬储工作时辛勤劳作的场景，写出了农村生活的朴素与辛苦。"我"虽然是小孩子，但是"我"也承担着最简单的工作，那就是运南瓜，而且"我"十分卖力气，虽然辛苦，却充实快乐。

写作方法：
　　本文中过渡句运用巧妙。过渡句就是一个句子承接或总结上面的内容，同时提示或领起下面的内容，就是我们通常说的"承上启下"。使用过渡句可以让文章读起来更加顺畅，句子与句子或者段落与段落之间过渡自然，提高了文章质量。

思考与练习：
　　找一找文章中有哪些句子是过渡句，用横线画出来。

解析范文线索：

回忆小时候，叙述"我"喜欢耗子的原因→回忆童年"我"在城里的快乐时光。表达出"我"对童年生活的自由向往，抒发无限的喜爱与怀念之情

耗子大爷起晚了（节选）

文/叶广芩

拟声词，增加描写的生动性，耗子大爷憨态可掬的形象顿时跃然纸上。

①

耗子大爷的尾巴从顶棚的小洞里垂下，一动不动，像根细毛线。

我把晚上脱下的袜子缠成一个蛋，朝着那根"细毛线"扔了过去。顶棚太高，袜子飞到半截就掉了下来，砸在了我的眼睛上。

本来我炕上的褥子边还顺着一根棍儿，是从后山上折回来的一根树枝子，我叫它降龙木。这根降龙木很重要，顶棚里的耗子大爷每每见到这根棍儿伸过去，就会顺着它**味溜味溜**爬下来。可今天不行了，我的降龙木昨天晚上让老三撅折扔了，他问我在炕上弄根杨树枝子是什么意思，是不是要点火烧了这房？

现在，顶棚里的耗子缩回了尾巴，探出了脑袋，一双小眼睛朝下头踅摸着。我说："今天可没有给您接驾的梯子

啦,您自个儿想法儿下来吧。"

耗子大爷的脑袋缩了回去,我知道,它是回家想辙去了。

②

我喜欢耗子。别的地方的人管耗子叫老鼠,偏偏北京人管它叫耗子。耗子这称呼透着一股机灵劲儿,透着满满的亲切和随意,没有把它当外人的意思。在老北京,把耗子当家神,谁家有耗子,说明谁家富裕、兴旺,对这个进进出出的小生灵是要敬着的。我是属耗子的,家里人叫我"耗子丫丫",他们说我举手投足透着一股耗子的劲头,用妈妈的话说是"人小鬼大",用哥哥们的语言是"贼头贼脑",一会儿一个馊主意。我喜欢耗子的灵动聪明,喜欢耗子那对滴溜溜转的小眼睛——我的眼睛也小,也会滴溜溜转,跟耗子有着相同的特质。

在城里的家住着,我很快活。胡同里有一帮小伙伴可以相约,疯跑玩耍,跳皮筋儿、拽包儿、跳间、官兵抓贼、过家家……我们玩的内容有很多,什么时候各自的妈站在门口喊"回家吃饭了"才散伙。我们常玩的是猫捉耗子的游戏,大伙拉成一个圈,把两个人一个圈在圈里,一个圈在圈外,里头的是"耗子",外头的是"猫"。大伙围着"耗子"转,一齐唱:"天长了,夜短了,耗子大爷起晚了。""猫"紧接着问:"耗子大爷起来了没有哇?"圈里的"耗子"回答:"耗子大爷刚睁眼哪。"围着的圈子再一

佳句解析

自然过渡,总结出"我"小时候对耗子的喜欢,引出下文"我"和它一样机灵好动,有一个无忧无虑快乐的童年。

滴溜溜

三字词语,与上文"我"和耗子大爷的灵动生动如出一辙,贴近文章的语言风格。

圈圈地边唱边转,"猫"一遍遍地问。"耗子"一会儿穿衣裳,一会儿喝茶,一会儿吃点心,一会儿抽烟……一通磨蹭,把能想到的都说出来,以拖延时间。最终实在没词儿了,"耗子"才冲出圈子和"猫"展开周旋。一个跑一个追,大伙呐喊助威,很是热闹。

那日子过得,自由放纵,舒展无限,是天底下最美好的日子。

阅读理解要点:

本文中作者回忆童年趣事。第一部分讲述的是一天夜里"我"观察耗子大爷,表现出"我"对耗子大爷的喜爱之情。在叙述这件事的同时插入了"降龙木"和"老三"的描写,让我们感受到作者对童年生活中的人和事的喜爱和怀念。

文章第二部分主要写"我"喜欢耗子的原因,以及"我"对童年时光自由自在、舒展无限的怀念与喜爱。

写作方法:

清晰的文章结构会让人眼前一亮,一般文章结构分为总—分,分—总,总—分—总。

本文结构十分清晰,以文章第二部分为例,前三个自然段都是总分结构。这三个自然段的第一句话叫中心句,这个自然段的所有内容都是围绕着这句话展开。比如第一自然段中心句是:我喜欢耗子。这个自然段所有的内容都是在写喜欢耗子的原因。

思考与练习:

1.用横线画出第二部分第二自然段的中心句。

2."耗子大爷的脑袋缩了回去,我知道,它是回家想辙去了。"这句话换成"耗子大爷的脑袋缩了回去,我知道,它可能是放弃了"好不好?为什么?

解析范文线索:

"我"家有一个大花园,描写花园里都有什么→花园里太阳下的事物都是自由自在的,很快乐,而刮风下雨天"我"就会觉得日子很长

祖父的园子

文/萧 红

呼兰河这小城里边住着我的祖父。

我生的时候,祖父已经六十多岁了,我长到四五岁,祖父就快七十了。

我家有一个大花园,这花园里蜂子、蝴蝶、蜻蜓、蚂蚱,样样都有。蝴蝶有白蝴蝶、黄蝴蝶。这种蝴蝶极小,不太好看。好看的是大红蝴蝶,满身带着金粉。

蜻蜓是金的,蚂蚱是绿的,蜂子则嗡嗡地飞着,满身绒毛,落到一朵花上,胖圆圆的就和一个小毛球似的不动了。

花园里边明晃晃的,红的红,绿的绿,新鲜漂亮。

据说这花园,从前是一个果园。祖母喜欢吃果子就种了果树。祖母又喜欢养羊,羊就把果树给啃了。果树于是都死了。到我有记忆的时候,园子里就只有一棵樱桃树,一棵李子树,因为樱桃树和李子树都不大结果子,所以觉得它们是并不存在的。小的时候,只觉得园子里边就有一棵大榆树。

这榆树在园子的西北角上,来了风,这榆树先啸,来了雨,大榆树先就冒烟了。太阳一出来,大榆树的叶子就发光了,它们闪烁得和沙滩上的蚌壳一样。

太阳在园子里是特大的,天空是特别高的,太阳的光芒四射,亮得使人睁不开眼睛,亮得蚯蚓不敢钻出地面来,蝙

亮点解读

运用了比喻的修辞手法,把发光的榆树叶子比喻成沙滩上的河蚌,生动形象地写出了大榆树叶子在雨后亮晶晶的美丽样子。

蝠不敢从什么黑暗的地方飞出来。

是凡在太阳下的,都是**健康**的、**漂亮**的,拍一拍连大树都会发响的,叫一叫就是站在对面的土墙都会回答似的。

花开了,就像花睡醒了似的。鸟飞了,就像鸟上天了似的。虫子叫了,就像虫子在说话似的。一切都活了。都有无限的本领,要做什么,就做什么。

要怎么样,就怎么样。都是自由的。倭瓜愿意爬上架就爬上架,愿意爬上房就爬上房。黄瓜愿意开一个黄花,就开一个黄花,愿意结一个黄瓜,就结一个黄瓜。若都不愿意,就是一个黄瓜也不结,一朵花也不开,也没有人问它。

玉米愿意长多高就长多高,它若愿意长上天去,也没有人管。蝴蝶随意地飞,一会儿从墙头上飞来一对黄蝴蝶,一会儿又从墙头上飞走了一个白蝴蝶。它们是从谁家来的,又飞到谁家去?太阳也不知道这个。

只是天空**蓝悠悠**的,又高又远。

可是白云一来了的时候,那大团的白云,好像撒了花的白银似的,从祖父的头上经过,好像要压到了祖父的草帽那么低。

我玩累了,就在房子底下找个阴凉的地方睡着了。不用枕头,不用席子,就把草帽遮在脸上就睡了。

……

> **健康 漂亮**
> 这两个词语都是我们平时经常使用的,但在这里,给予了它们陌生的语境,新意十足。

> **蓝悠悠**
> 蓝色和悠悠的状态同时在一个词语中被体现出来,会让读者想象到蓝蓝的天空下悠闲的状态,有很强的表达效果。

就这样一天一天的，祖父，后园，我，这三样是一样也不可缺少的了。

刮了风，下了雨，祖父不知怎样，在我却是非常寂寞的了。去没有去处，玩没有玩的，觉得这一天不知有多少日子那么长。

阅读理解要点：

本文写的是"我"家有一个大花园，作者先写了大花园里有什么，让人感觉十分漂亮。之后写花园里太阳下的植物也是自由生长的，非常好看。全文表达了"我"对大花园以及童年自由自在时光的怀念。

写作方法：

文章第十六自然段使用了省略号，前文写的是花园里各种植物无忧无虑地生长，"我"也是无忧无虑地玩耍，这里省略号表示还有很多这样的事情，没有一一写出来，体现了在花园里的自由自在。

作家档案袋：

萧红（1911—1942），本名张乃莹，中国近现代女作家，1935年发表成名作《生死场》开始使用笔名"萧红"。代表作有《呼兰河传》《小城三月》等。

解析范文线索：

初三那年夏天，因为家里经济紧张父母让"我"去卖冰棍赚钱→"我"遇到了"我"的小学同学，感觉很丢人，从此再也不去了→感激这段经历让"我"有了人生的不同体验，也让"我"长大了

那年夏天

文/王立春

从来没觉得哪年夏天能比初三那年的热。

我刚刚考上了师范学校，家里经济紧张得**捉襟见肘**。我那工资少得可怜的爸爸妈妈和我商量说，不如自己去卖点儿什么，赚一点儿上学的钱。我那一年十六岁，正是敏感得连雨滴落地都觉得震撼的年龄，听他们这么说，我差一点儿想把自己变成小甲虫，缩进火柴盒里。

我怕爸爸那威严的眼神和稍稍带点儿吼的声音，整整哭了一宿之后，不得不同意他们的决定：去卖冰棍。

妈妈把早已准备好的凉帽为我戴好，把冰棍箱子捆在自行车后面。冰棍箱子是头天晚上糊好的，两层纸箱摞在一起，夹层里均匀地絮上棉花，图的是保温。

妈妈让我去找人多的地方卖冰棍，没等她的话落地，我就跨上自行车向城外驶去。妈妈和爸爸永远不知道我的心思——我哪敢找人多的地方？我不只是怕丢人现眼，我还怕在人多的地方碰见我的同学，那样我不如找个地缝钻进去！

出了城东门，我的心安定下来一点儿。这时，身后有一个嫩嫩的声音飘过来："冰棍！"我回过头，看见一个小女孩向我摇摇晃晃跑过来，手里举着1毛钱！我才知道我这时的名字叫"冰棍"！

我咽了一口唾沫，这毕竟是我卖冰棍生涯的第一位顾客呀。她举着冰棍走后，我小心翼翼地喊了一嗓子："冰——

捉襟见肘

形容贫穷。开篇点题，引出下文的卖冰棍。

 **佳句解析**

同时运用了夸张和比喻的修辞手法。夸张时，自己的敏感好像连雨滴落地都能听到；也把自己比作一只小甲虫，想缩进火柴盒里，突出了自己正处于极度敏感的年纪。

棍——"周围一个人也没有，只有我的声音在空中回荡。我胆子大了起来，喊第二声时尽力把"棍"字喊得圆润饱满。

那个夏天足够热，可我希望更热一些。我理解了课本上卖炭翁"心忧炭贱愿天寒"的意境。慢慢地，我平均每天能赚到2元钱，那可差不多相当于我妈一天的工资呢。

卖冰棍的生涯二十天后结束了，有点儿戏剧性。在一个人少之又少的郊外，我终于狭路相逢了一位小学时的同学，男生。当他向我走过来，我们互相认出时，彼此都傻了！我们低着头，谁也没说什么，匆匆地给他取出冰棍，我骑车就逃了。

回家后，我大哭了一场，任爸爸妈妈怎么劝，也不出门去卖冰棍了。

许多年以后，我终于明白，或许正是这段经历，才使自己十六岁的花季**灿若流霞**。

灿若流霞

用比喻组词，灿烂得仿佛流霞，娇嫩得好像刚刚吐苞的花蕊，表达出作者对十六岁那年夏天的感激。

阅读理解要点：

本文写了父母让"我"去卖冰棍，"我"起初很羞涩怕丢人不想去，但是卖得很成功，内心很开心，最后因为遇到了小学同学再也不去了。这篇文章写出了一个16岁孩子的成长经历，在长大后理解父母的良苦用心。

写作方法：

天气炎热时，"我"体会到了卖炭翁"心忧炭贱愿天寒"的心境。短短一句，就写出了当时，"我"也希望天气可以更热一些，好让"我"多卖出一些冰棍的背景。用诗句来解释当时的想法可以提高作文的语言质量。我们在平时学习古诗词的时候也要注意积累，在写作文时引用一些诗句可以增加文采。

解析范文线索：

桃子决心以前十名的身份考到南校区→桃子父母得知孩子考到了南校区非常高兴，但是知道要交很高的学费时犯了难→桃子的父母为了借学费请人吃饭，桃子心里很难受→桃子决定不去南边了，准备去北校区

到南边去

文/明月雁

1

"到南边去"，是莲花镇所有即将小升初孩子的心声。

莲花镇中学的强化班设在南校区，普通班则设在北校区。

说起来，北校区可比南校区漂亮多了。可人人都想"强"，尤其是像桃子这样的尖子生。

想要进强化班，得在选拔考试中进入前一百二十名。这对桃子来说轻而易举，但桃子的目标是考进前十。

2

这天早读课上，张老师拿着一份名单走进教室，大家都猜到了，那是考到南边去的学生名单。

教室里一片。

张老师念的第一个名字便是桃子。

听到自己的名字，桃子的心立马提到了嗓子眼儿。她闭上眼睛，等待着最终结果。可直到最后，张老师都没有说每个人的名次。

桃子急了，突然站起来喊住张老师："我想知道，我有没有考进全镇前十。"桃子咬了咬嘴唇说。

张老师走到桃子旁边，拍了拍桃子的肩膀说："能考进南边就很出色了……"

晚上，一家人围坐在方木桌边吃晚饭。

> **沉寂**
> 形容环境十分寂静，渲染出了一种即将揭晓结果的紧张氛围。

"爸,妈,我考上了南边。"桃子扒一口米饭,**含混不清**地说。

"是吗?"妈妈欣喜地收回筷子,搁在饭碗上,搓了搓双手,又笑起来,重新拿起筷子夹了一大块茄子放在桃子碗里,"多吃点,妈明天买条鱼,做你最爱喝的鱼汤。"

"去南边上学要多交两千块钱,除非……除非考进前十名。"桃子的头垂得更低了,细细的声音从饭碗里传出来。

妈妈这才发觉桃子不对劲,脸上的笑容渐渐收住:"你考了多少名?"

桃子慢慢抬起头,眼里都是泪花,却倔强地不肯落下,哽咽着小声说:"我没有考进前十。"

3

语文课一下课,桃子便跑出教室拦住张老师:"张老师,我想问您一件事儿。"

"我想,你是要问自己的名次。"张老师一下子就猜中了。

桃子想,如果名次很靠后的话,就不浪费那两千块钱了。

"那我帮你去镇上问问。"张老师答应下来。

放学回家,桃子一进门便傻了眼:桌子上整整齐齐地放着几道好菜,一盆奶白色的鱼汤,一盘浓油赤酱的红烧鸡,还有好几盘翠绿的时蔬。厨房还有炒花生米的香味。

平时靠墙的方桌被挪到了堂屋中央,爸爸正弯着腰给上座的一男一女倒酒。

"桃子回来了!"看见桃子,爸爸高兴地迎了上来,并指着上座的那对男女说,"快叫大伯、大妈。"

爸爸的这对兄嫂在村里办养猪场,赚了不少钱,十分瞧不起干苦力的桃子爸妈,从来不登门,今天这是怎么回事?

等妈妈端着那盘炒花生米出来,尴尬地落了座,爸爸才端起酒杯,不好意思地说:"大哥大嫂,今天请你们来,是有件事情要你们帮忙……"戴着金耳环的大妈撇了撇嘴,似乎在说:"我就知道没好事。"

妈妈也举起酒杯:"我家桃子考上了莲花镇中学的强化

含混不清

一般形容口齿不清,说话不清晰,这里写出了桃子内心的犹豫和为难。

佳句解析

描写食物时,运用颜色描写,会让食物更具有食欲,增加视觉效果。

班,需要交两千块钱,家里暂时拿不出来,还请大哥大嫂帮忙,等家里有了钱,立马给你们送去。"妈妈红着脸一口气说完,仰头把杯中的酒一饮而尽。

桃子坐在一边,右手紧紧攥着筷子,心里难受极了。家里虽然没钱,但是爸妈一辈子挺直腰杆做人,现在却为了自己低头。

"我不去南边了。"桃子拨弄着碗里的饭,突然开了口。

"小孩子家家不懂事,乱说什么呢?"爸爸继续招呼兄嫂吃菜。

"我说了,我不去南边了!"桃子把筷子拍在桌上,发出"啪"的一声巨响。

4

两千块自然没借到。"桃子,你放心,爸妈一定在你开学前凑齐两千块钱。"爸爸吸了口卷烟。

"我真不去南边上学了。"桃子一边擦桌子,一边头也不抬地说。

第二天一去学校,桃子便将自己的决定告诉张老师。

张老师问:"你不想知道自己考了多少名吗?"

桃子摇摇头说:"不管我考了第几名,我都不去南边了。在北边我一样会努力学习,一样每年当三好生。"

时间像陀螺一般转得飞快,还有几天,小学生涯就要结束了,桃子也已经做好了去北边上学的准备……

写作方法:

这篇文章有具体的人物细节描写,能让读者一下就体会到人物的心情变化。对桃子的细节描写让读者眼前出现了一个小姑娘攥紧拳头,难受的滋味都汇聚到了一起,看着父母受委屈被别人看不起,她内心一定非常复杂吧。

思考与练习

文中还有很多对人物的细节描写,请你找一找,用横线画出来,在旁边做批注,分析人物心情。

解析范文线索：

想用铁丝做灯笼，没想到灯笼没做成，铁丝却划伤了小弟弟→发烧时梦见一个白胡子老爷爷给了"我"一个灯笼，醒来后发现妈妈也给"我"做了一个灯笼，叫琉璃灯→通过琉璃灯，"我"感受到妈妈深深的爱

琉璃灯

文/吴新星

我一边啃着手指样的金油果，一边凑过去看大弟弟在写什么。大弟弟头也不抬："寒假作业呀，我还没动过呢。"

"谁叫你刚放假那会儿贪玩，现在临时抱佛脚。"我有些幸灾乐祸。不过我忽然意识到自己还有一项特殊的作业未完成——在寒假里扎一个灯笼。

我在家里找了一通，找到了几根铁丝，只要把铁丝弯成月牙那样的弧度，再把一根根的铁丝穿起来。可我没料到钳铁丝真费劲，我紧紧地握住老虎钳，握得虎口都通红了才剪断。"唉，还是明天再做吧。"我把东西收起来，放在一边，去门口踢皮球玩了。正踢得尽兴，大弟弟突然**慌慌张张**来找我："大哥，小弟哭得厉害，手上都是血。"

原来是小弟淘气，拿铁丝玩，不慎划破了手。妈妈回家来，看见小弟的手这个样子，把我数落了一顿。

第二天，家里有客人来，带来了一袋柑橘。我忽然灵光一现：用橘子皮做灯笼。客人走了，我趁人不注意，挑了一个最大的橘子，揣在衣服底下，像肚子疼似的，半弓着腰，溜回了房间。

那橘子皮挺厚的，一时指甲竟掐不进去。再用点力，只觉眼内一阵酸涩，原来是橘子皮中的汁水溅到眼里去了。等

慌慌张张

本义是举止慌乱，不稳重。这里表现出大弟弟发现小弟弟受伤后急切担心的状态。

怅惋

由惆怅惋惜两个词语组合成一个词语，具有很好的表达效果，且具有新意。

束手无策

就像是被捆住了手，一点儿办法都没有；这里是说弟弟由于年纪小，不知道做什么才能让哥哥好起来。

我揉了揉眼睛，定神一看，糟糕，那橘皮应该剥成绽放的莲花的样子，却有一片被我剥了下来。我又偷拿了一个，不想第二个也被我剥坏了皮。我既**怅惋**，又不甘心，打算去拿第三个。倒霉的是，这回竟然碰到了妈妈。妈妈一见我就问："你在这儿做什么？"

"没什么。"我挠挠头。"还不承认！"妈妈的语气重起来，"看你那指甲，一定是剥过橘子了。两个弟弟也没你这么馋的。"就这样，我的小橘灯终究也没有做成。

这天，我又心心念念地想着我的灯笼，忽然碰到了一个白胡子老爷爷。老爷爷看见我就问起来："孩子，大过年的，你为什么看上去这么不快乐？"我就把我心中的烦恼跟老爷爷说了。老爷爷笑了，竟然给了我一个灯笼。

我正高兴得不知身在何处，忽然有人叫着我的名字，我迷迷瞪瞪睁开眼，恍惚间感觉是妈妈。妈妈问："你怎么睡着了？"我想说话，可是发不出声，只觉妈妈温软的手搭在我的额头上……

再次醒来的时候，在我眼前的是大弟弟。他正趴在我床边写作业呢。我欠身起来，翻动的声音惊动了他。他问："哥，你醒了？好些了吗？"我被他问得有些怔怔的，反问："我怎么了？"大弟弟说："你整整发了一天的烧，妈妈出门和别人换班去了，说一会儿就回来，叫我看着你。"

大弟弟像个大人似的，给我递水，又问我饿不饿，我皆摇摇头。大弟弟像是**束手无策**地抓抓后脑勺，又忽然想起什

么:"对了,我拿个东西给你瞧。"不一会儿他就回来了,我看过去,只见他手里拿的是一个灯笼!

"哪儿来的?"我见了,精神为之一振。

"妈妈做的,怎么样,漂亮吧?这玻璃是妈妈从工艺品厂里的废料堆里捡来,自己用金刚笔划的。妈妈为了划玻璃,手都割破了一道口子。"

"妈妈怎么知道我想要一个灯笼?"我又问。

"你那天写作业的时候,睡着了。后来妈妈看到你的作文了,你在作文里写多么想要一个灯笼,参加学校里的比赛。妈妈还给这个灯笼起了一个好听的名字呢,叫'琉璃灯'。"

"琉璃灯?"我咂摸着这个名字,嘴里似有千斤的分量。

佳句解析

对话描写简洁却不失温情,首尾呼应,点明主题,在日常的对话中,透露出一家人对我的爱护。

写作方法:
　　这篇文章的题目是"琉璃灯",但是只有在最后几个自然段才叙述了这个琉璃灯的样子和来历,是不是跑题了?题目是不是起得不好呢?其实不是的,因为本篇文章是写妈妈留意"我"的小心思,知道"我"很想要一个灯笼所以亲手做了一个琉璃灯,通过这件小事"我"感受到了妈妈对"我"深深的爱。琉璃灯和文章想表达的中心思想紧密相连,所以以琉璃灯为题很好。

思考与练习:
　　"我咂摸着这个名字,嘴里似有千斤的分量。"为什么作者说"琉璃灯"这个名字有千斤的分量?

解析范文线索：

期末三好生评选，"我"在唱票时跳过自己名字→秦老师发现"我"没有读自己的名字，重新计票后发给了"我"奖状，"我"很感动

只有一票

文/吉葡乐

临近寒假，要评选班级三好学生，我心里像压了一块石头，我真怕同学们不选我，或选我的人很少，从而影响了我在秦老师心里的形象。

评选，终于在不设防的等待中来临了。秦老师在黑板上写下候选人的名单，我一眼就看到了我的名字。

大家看看黑板，就开始低着头写选票，写好后就把字条折起来，放到讲桌上的一个纸盒子里。<u>洁白的字条，像一只只蝴蝶，在盒子里越聚越多。</u>

见同学们都交齐了，秦老师缓步走上讲台，说："宋晓燕、王喜芳，你俩上来念票。"于是，我念票，王喜芳监票，秦老师负责在黑板上候选人的名字下面计票。

我每念到谁的名字，秦老师就会在相应的名字下面标记一下，她采用的是"正"字记数法。我小心地展开字条开始念，大脑里一团晕，像装满了糨糊，没有了任何思维的能力。选票上的名字，像电影的字幕，一个个往我眼睛里蹦，我突然看到"宋晓燕"三个字——我紧张的心跳到了嗓子眼儿。当众念自己的名字多么难为情，我的名字这么难听，我念出来一定会被人笑，我实在是没有勇气，在刹那的犹豫之后，我跳过了自己的名字。之后，每遇见自己的名字我都照例跳了过去……

一张一张选票渐渐地快念完了，我心里乱成一团麻，就

佳句解析

运用了比喻的修辞手法，生动形象地写出了票很多，同时，也渲染出一种紧张的氛围。

糨糊

本义是水和面的面糊糊，这里指"我"因为紧张，脑袋里一片混乱。

剩最后一票了,我的手有点抖,字条上的人名有些模糊,但我仍大声地凭感觉念着:"……宋晓燕!"——天哪!我竟然鬼使神差地念出了自己的名字。

那个名字一出口,教室里的空气一下凝结了,而秦老师正在我名字下面画下唯一的一横。秦老师一定很失望,她最得意的学生只得一票,而这时教室里后排的几个男生开始起哄,嘲笑着说:"这一票,也许还是她选自己的。"

秦老师当即统计了票数,但她并没有宣布6名三好学生的名单,她把盛着选票的盒子抱走了。我只在心中,隐隐期待秦老师会还我一个"公道"。

好不容易盼来她的课,我低着头,不敢看她,她带来了一沓奖状,亲自把奖状发给评选中得票数最多的前6名。

咦?她手里还有一张,不是6名三好学生吗?我正疑惑,秦老师把奖状放在我面前,然后走上讲台说:"回去我又看了一下选票,发现宋晓燕同学的得票总数应该排在第四名……所以为她补发一张奖状。"

我的泪又流下来了。

公道

公正的道理或解决方案,这里指希望秦老师发现"我"跳票这件事,能让"我"取得当得的荣誉。

阅读理解要点:

本文写的是"我"在期末选三好生的时候唱票,"我"觉得读出自己的名字非常难为情,所以遇到自己的名字就跳了过去,秦老师发现了,重新计算了票数,发给了"我"奖状,我内心非常感谢老师。

思考与练习:

1.当"我"第一次看到票上出现"我"的名字时,"我"的心情是什么样子的?

2."就剩最后一票了,我的手有点抖","我"为什么手抖呢?

解析范文线索：

京京想在公开课上读课文《万卡》,但是被老师拒绝了→京京在回家路上练习读课文并且想起自己的爷爷→公开课上因为被安排读课文的同学没有举手,京京得到读课文的机会,声情并茂读得很好

心 声

文/黄培佳

已经打过放学铃了。坐在窗口的京京看见背着书包往校门口走的同学们。

"李京京!注意力集中!"一声呵斥,京京吓了一跳,赶紧扭回脸来。程老师嘱咐道:"明天的公开课上这几位同学来朗读《万卡》:林蓉,你读第一段。赵小祯,从'亲爱的爷爷'读到'仿佛人们为了过节拿雪把它洗过、擦过似的'。周海,你从……"

京京**小心翼翼**地问:"老师,我能……念一段吗?"程老师干脆地回答:"不行。你嗓子太哑,念不好。"京京垂下头。他多喜欢这个故事啊!他真想念一段,哪怕是几行字的那么一小段呢!他准能念好。

回家的路上,路过一片小树林。树林里静悄悄的,京京从书包里拿出课本。他念出声来:"'亲爱的爷爷康司坦丁·玛卡里奇!'他写道,'我在给您写信。祝您过一个快乐的圣诞节,求上帝保佑您。我没爹没娘,只剩下您是我的亲人了。'……"

京京也有一个乡下的爷爷。爷爷有一根水烟袋,一抽烟,就喊:"火!"京京赶紧拿来纸捻子,点着火,递到爷爷手上。爷爷爱将京京揽在怀里,给他讲长工的故事。夏天的晚上,爷爷还总是指着天空对京京说:"看见了吗?这条

小心翼翼

这个词语的意思是非常小心,反映出京京当时非常想读课文但是又害怕被老师拒绝,壮着胆子问老师自己可不可以读课文。

发亮的带子就是银河。王母娘娘不让牛郎织女会面，拔下头上的簪子，哧地一划，就成了这条宽不见边的大河……"后来京京到城里来上学就再没见过爷爷。

上公开课这天，按照事先的安排，林蓉朗诵了第一段。可是，赵小祯迟迟没有举手。京京咬紧了嘴唇，举起右手。程老师只好让京京继续朗读。

"亲爱的爷爷康司坦丁·玛卡里奇！"京京大声地念着，"我在给您写信。祝您过一个快乐的圣诞节……"

要是他给爷爷写了信，爷爷一定高兴得要命吧？

"'亲爱的爷爷，发发慈悲吧，带我离开这儿回家去……带我离开这儿吧……'万卡嘴角撇下来，拿脏手背揉揉眼睛，**抽噎**了一下。"

两颗晶亮的泪珠"啪嗒啪嗒"落在课本上，京京停止了朗诵。这才发现，自己念得太多了。他坐了下来，程老师却走到他面前说："李京京，请你……把课文全部读完吧。"

京京又站起来了，读着这个动人的故事。他心想：等放了学，我一定要躲到那个小树林子里，给乡下的爷爷写一封信，一封长长的、像万卡写的那样的信。最后，写上爷爷家里的地址，我知道那个地址。

佳句解析

这里是在京京读故事的时候插入的一个心理描写。借课文的故事情节，表现了京京想给爷爷写信，非常思念爷爷。

抽噎

这里形容哭泣的一种状态，更能渲染出万卡的悲伤之情。

阅读理解要点：
　　本文写的是京京非常想在公开课上读课文《万卡》，遭到老师拒绝后，京京在回家路上的树林中大声练习读课文，也因为课文思念家乡的爷爷。公开课上京京得到了读课文的机会，声情并茂地读完了课文。本文通过京京读课文的事情，表达了京京对爷爷的思念。

写作方法：
　　这篇文章语言朴实，真实地反映了儿童的心理。对京京有多处心理描写，表现出京京非常想读这篇课文。

写作小锦囊

写想象作文的思维导图

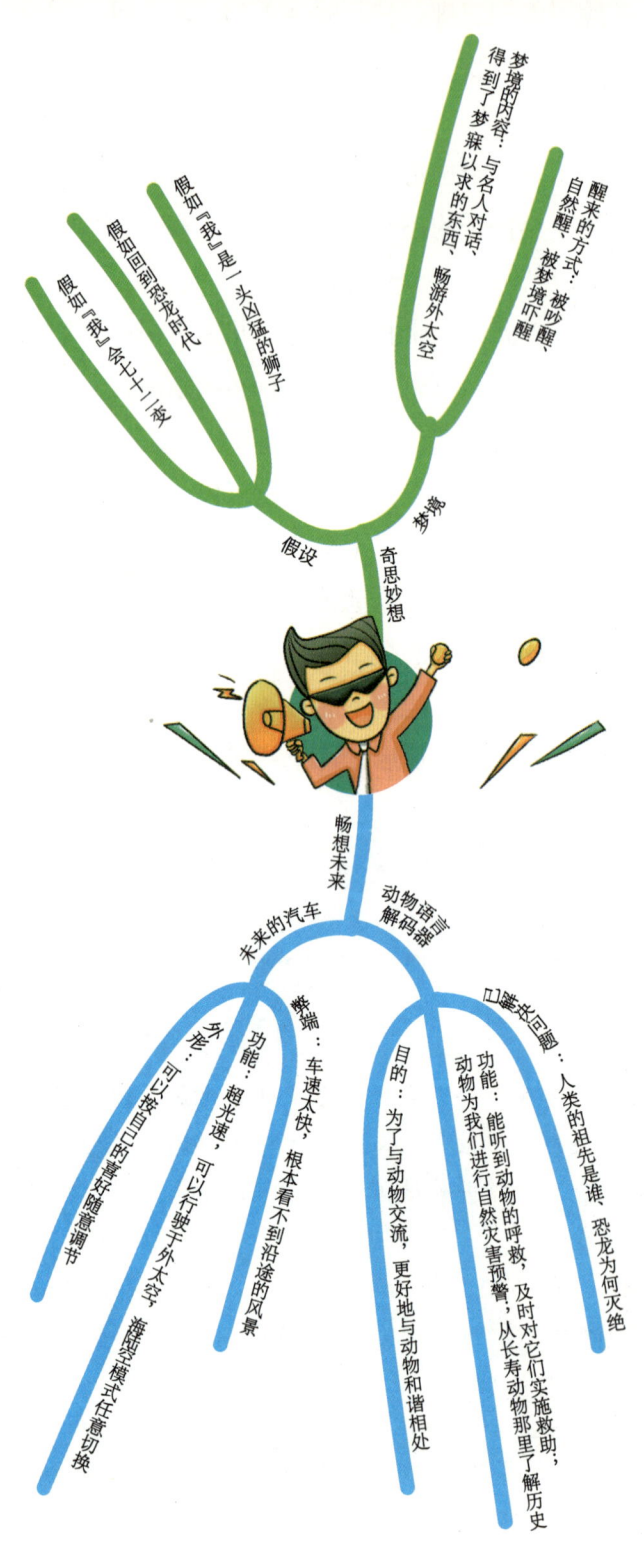

叽叽喳喳的寂静

文/顾城

雪,用纯洁
拒绝人们的到来
远处,小灌木丛里
一小群鸟雀叽叽喳喳
她们在讲自己的事
讲贮存谷粒的方法
讲妈妈
讲月牙儿怎么变成了
金黄的气球

我走向许多地方
都不能离开
那片叽叽喳喳的寂静
也许在我心里
也有一个冬天
一片绝无人迹的雪地
在那里
许多小灌木缩成 团
围护着喜欢发言的鸟雀

解析范文线索：

"我"迷迷糊糊被叫醒去玉米地抢收玉米→"我"独自留守在玉米地很害怕，开始抱怨母亲→母亲叫"我"，"我"不回应来报复母亲→开始下大雨，母亲抱着"我"回家

八岁那年的玉米地

文/田中美

确切地说，那年我还不满八岁。

那天夜里，我是在睡梦中被母亲从床上拎起来的。"今晚有冰雹，乡亲们抓紧时间抢收玉米。"村里的大喇叭扯着嗓门儿一遍遍喊着，宁静的夜一下子被它搅得**沸腾**起来。

> **沸腾**
> 一般形容开水沸腾的状态，这里是想说明要下冰雹这件事在乡亲们中间的轰动性。

我们到达目的地时，乡亲们已经发疯般穿梭在玉米地里。在母亲的催促下，我开始跟在她身后将她掰下的玉米装进蛇皮袋。不知道过了多久，母亲将我装好的玉米背到地头，然后放到地排车上。我本来想跟着母亲一起回家，母亲却命令我守在玉米地里，理由是等她回来后，在漆黑的夜里，只要喊我的名字，便能快速找到自家的玉米地。

那晚的夜色仿佛一个巫师穿上了浓黑的长袍，风裹着玉米叶在我周围翻响，叶子的锯齿划破了我的脸，脸上传来丝丝缕缕的疼痛。但是与害怕比起来，疼痛似乎不再重要。

> **佳句解析**
> 运用比喻的修辞手法，将夜晚比作巫师穿着的长袍；玉米叶划着"我"的脸，突出风势之大。

不知什么时候，我开始抱怨母亲将我一个人留在这里，我甚至想，等母亲回来喊我名字时我要假装熟睡，让她也害怕一回。

在担忧和恐惧达到极点时，我终于听到了母亲唤我乳名的声音。那声音一声高过一声，由轻到急，由急到尖。我蹲在地上，不但不出声，还有一种报复的快感。

突然，有什么东西击中了我的头。接着，我听到了噼噼

啪啪的声音，继而是玉米秸被扑倒的声音，然后我看到一个黑影跌跌撞撞地朝我走来。

母亲抱起我飞快地穿过一排又一排玉米秸，我听到了冰雹打在她头上的钝响，听到玉米叶上的锯齿划破她的皮肤。突然，她一个趔趄，被绊倒在地。我毫发未伤，实在装不下去了，趴在她身上号啕大哭。母亲抱着我，我听不到她的哭声，却感觉到她的泪是那么**温热**，浇灭了一个孩子心里所有的抱怨和不满。

我忘了那天自己是怎样回到家的，只知道我家的玉米大部分被冰雹击到了土里。第二天太阳升起后，我站在地头，看到母亲一点点抠出掉在土里的玉米粒时，哭得一塌糊涂。我跑过去帮母亲捡拾玉米，却看到母亲低下去的眼里竟然又一次掉出眼泪。那些被眼泪洗过的玉米一个个饱满晶莹，一个个长出了嫩芽，正在茁壮地伸向蓝天。

温热

点出母亲哭过，她因为担心和着急默默地流下了眼泪。

阅读理解要点：

　　本文写的是冰雹来临前"我"被叫起来和妈妈一起收玉米，妈妈留"我"独自看守玉米地以节省时间，但是"我"很害怕，心中充满了对妈妈的抱怨。当妈妈回来找"我"时，"我"假装听不见让妈妈着急以报复妈妈。当冰雹来时"我"害怕极了，而妈妈抱着"我"回家，不顾自己的身体，"我"被感动了，顿时对妈妈的抱怨消失了，反而特别自责。

　　文章最后写玉米粒长大了，也从侧面表达出"我"长大了，理解了妈妈，感受到了妈妈对"我"深深的爱。

思考与练习：

　　1.你觉得母亲是一个怎样的人？

　　2.文章想表达什么思想感情？

　　3.文章写了"我"和妈妈都哭了，"我"和妈妈哭的原因一样吗？分别是什么原因？

解析范文线索：

小时妈妈做花边饺子让"我们"吃肉馅饺子→长大后我也用捏花边饺子的方法让妈妈吃糖馅饺子，让妈妈开心

花边饺里的母爱

文/肖复兴

小时候，包饺子是我家的一桩大事。那时候，家里生活拮据，吃饺子当然只能等到年节。平常的日子，破天荒包上一顿饺子，自然就成了全家的节日。

这时候，妈妈**威风凛凛**，最为得意，一手和面，一手调馅，馅调得又香又绵，面和得软硬适度，最后盆手两净，不沾一星面粉。然后妈妈指挥爸爸、弟弟和我看火的看火、擀皮的擀皮、送皮的送皮，颇似沙场点兵。

一般，妈妈总要包两种馅的饺子，一种肉一种素。这时候，圆圆的盖帘上分两头码上不同馅的饺子，像是两军对弈，隔着楚河汉界。我和弟弟常捣乱，把饺子弄混，但妈妈不生气，用手指捅捅我和弟弟的脑瓜儿说："来，妈教你们包花边饺！"我和弟弟好奇地看，妈妈将饺子沿儿用手轻轻一捏，捏出一圈穗状的花边，煞是好看，像小姑娘头上戴了一圈花环。我们却不知道妈妈耍了一个小小的花招儿，她把肉馅的饺子都捏上花边，让我和弟弟连吃惊带玩地吞进肚里，自己和爸爸吃那些素馅的饺子。

那些艰苦的岁月，妈妈的花边饺，给了我们难忘的记忆。但是，这些记忆，都是长到自己做了父亲的时候，才开始清晰起来，仿佛它一直沉睡着，必须我们用经历的代价才可以把它唤醒。

那一年大年初二，全家又包饺子。我要给妈妈一个意外

威风凛凛

本义是使人敬畏的声势或者气派很大，这里是指妈妈带我们一起包饺子时很熟练，很拿手，也很得意。

佳句解析

这句话运用了比喻的修辞手法，将饺子上的花边比喻成花环，生动形象地写出了饺子上的花边很好看很可爱。

的惊喜，因为这一天是她老人家的生日。我包了一个带糖馅的饺子，放进盖帘一圈圈饺子之中，然后对妈妈说："今儿您要吃着这个带糖馅的饺子，您一准儿是大吉大利！"

妈妈连连摇头笑着说："这么一大堆饺子，我哪儿能那么巧有福气吃到？"说着，她亲自把饺子下进锅里。饺子如一尾尾小银鱼在翻滚的水花中上下翻腾，充满生趣。望着妈妈昏花的老眼，我看出来她是想吃到那个糖饺子呢！

热腾腾的饺子盛进盘，端上桌，我往妈妈的碟中先拨上三个饺子。第二个饺子妈妈就咬着了糖馅，她惊喜地叫了起来："哟！我真的吃到了！"我说："要不怎么说您有福气呢？"妈妈的眼睛笑得眯成了一条缝。

> 妈妈的爱，藏在日常里。

其实，妈妈的眼睛实在是太昏花了。她不知道我耍了一个小小的花招，用糖馅包了一个有记号的花边饺，那曾是她老人家教我包过的花边饺。花边饺里浸满浓浓的母爱，如今，我谨以花边饺讨得年迈母亲的快乐和开心。

阅读理解要点：

小时候妈妈让我们吃带花边的肉馅饺子，长大了我懂得了花边饺子中饱含着母亲对我们的爱。我也用同样的方法让母亲吃到糖馅饺子，博得年迈的母亲高兴。

作家档案袋：

肖复兴，1947年出生，中国著名作家，已出版50余种书，曾多次获全国及北京、上海地区优秀文学奖。

思考与练习：

"然后妈妈指挥爸爸、弟弟和我看火的看火、擀皮的擀皮、送皮的送皮，颇似沙场点兵。"一句中"沙场点兵"是什么意思？为什么说妈妈像沙场点兵？

解析范文线索:

妹妹将爸爸的鞋子装满泥土,"我"很不解→妹妹跟爸爸说要把爸爸种到花园里,这样爸爸就可以天天陪她玩了→"我"看到家人很开心,感受到家的温暖

把你种在花园里

文/赵 菱

一天,爸爸下班回来,躺在床上休息。他的黑色鞋子,像两只小船一样停泊在床边。我看到妹妹偷偷地把爸爸的鞋子拿出去,<u>一溜烟儿</u>地跑到花园里,拿着爸爸给她买的小花铲,卖力地从花园里铲来泥土,放到爸爸鞋子里。

妹妹把爸爸的两只鞋子里都装满泥土,抱着其中一只,"噔噔噔"地跑到围墙边的一架蔷薇花下,灵活地钻了进去,把鞋子藏在里面。接着,她迈着两条小短腿跑过来,把另一只鞋子也藏了进去。然后,她又回到刚才挖土的地方,那里出现了一个小小的圆坑。她望着那个圆坑,忽然兴奋地跑回屋里,一边跑一边嚷:"爸爸,爸爸!"

妹妹跑到屋里,双手拉着爸爸的一只大手,使劲地想把他拉起来:"爸爸,过来帮我种花!"爸爸好脾气地笑着,从床上坐起来:"咦,我的鞋子呢?"

"等一下!"妹妹说着,又"噔噔噔"地跑到屋外。过了好一会儿,她才气喘吁吁地把两只装满泥土的鞋子给抱过来,说:"爸爸,给!"

爸爸望着成了泥土花盆的鞋子,笑着说:"这是干什么呀?""我把爸爸变成花,种在花园里!"妹妹得意地说,"这样爸爸就能天天陪我在

一溜烟儿

像一阵烟一样,这里说出妹妹的举动神秘而迅速,让人产生期待。

花园里玩了！"

"可是爸爸要走路呀，怎么种在花园里呢？"爸爸笑着问。"这个我早就想好了！"妹妹蹲下来，抓着爸爸的一只脚，使劲地往"泥土花盆"里塞，嘴里念叨着，"爸爸的脚是花的种子，先种在鞋子花盆里，等种子生了根，再把鞋子脱掉，种到花园里！爸爸，你就是这样教我种花的啊！"

爸爸一把把妹妹抱起来，让她坐在怀里，用自己的脸贴着妹妹的脸，喃喃地说："爸爸以后一下班就回来陪你玩。"

"好，爸爸和我拉钩啊！拉钩上吊，一百年不许变！谁要变了谁吃乌龟蛋！吃了乌龟蛋，就变成小坏蛋！"妹妹**乱七八糟**地嚷着。

"小坏蛋！不许和爸爸这么讲话。"妈妈笑着走过来，摸了摸妹妹的头。

我从暗处走过来，看到爸爸妈妈和妹妹脸上都带着笑的光辉，像温柔的月光落在他们脸上。我感到自己背上生出了一对翅膀，在野山上，在院子的上空，在每一个迷宫般的房间里，都快乐地飞翔了一遍。

乱七八糟

本义形容混乱、乱糟糟的样子，这里指妹妹为了让爸爸遵守约定编了许多话。

佳句解析

结尾处作者展开丰富的想象，想象着自己长出了一对翅膀，好来记住每一个欢乐温情的时刻。

阅读理解要点：
　　本文是写妹妹把爸爸的鞋装满泥土想把爸爸种到花园里，这样爸爸就可以天天陪她玩了，爸爸妈妈被妹妹的天真逗笑，一家人在一起很温馨，"我"也感受到妹妹的天真可爱以及家的温暖。

写作方法：
　　这篇文章对妹妹的描写很多，读过之后好像妹妹天真可爱的样子就在眼前。文章描写妹妹运用了语言、动作、神态描写，将妹妹稚嫩又灵巧可爱的样子写了出来，流露出作者对妹妹的喜爱之情。

解析范文线索：

"我"小时候父亲每到冬季就去收鹅毛,很轻的鹅毛父亲背起来显得很沉重,"我"很不解→父亲分鹅毛剧烈咳喘→父亲垒泥屋,咳喘更加严重→"我"理解了父亲对我们的爱十分沉重

被鹅毛压垮的男人

文/徐竞草

每到冬季,父亲都要去收鹅毛。此时,乡下零零散散的养鹅人都会把鹅毛拔下来,单独卖钱。父亲便拿着蛇皮袋和扁担,走村串屯地上门去收,早出晚归。

那时我还很小,每到傍晚,都跟姐姐站在村口,在冷风中等待父亲归来。村路蜿蜒盘桓在乡野之上,曲曲折折。远远就看到父亲不停地大口喘气,步履维艰地走进村口,短短两三百米的路程,他却走得很慢,双腿像灌了铅。每当看到父亲,姐姐便飞快地跑过去,接过他肩上的鹅毛担子。父亲如释重负,仿佛一下轻松很多。那鹅毛担子,我也曾挑过几次,看似鼓囊囊的两只蛇皮袋,其实一点儿都不重,可为何它在父亲的肩膀上,却显得那般沉重呢?我不懂。

佳句解析

开头提出问题,为后文埋下伏笔,设置悬念。

晚饭后,父亲点亮煤油灯,将收来的鹅毛全部摊放在屋内,然后打开家里所有的门,让阵阵呼啸的北风穿屋而过——他是要利用那又冷又硬的风,将鹅毛中最轻最软,也是最值钱的鹅绒毛分离出来。鹅绒毛是要单独卖给羽绒厂的,价格比只能做羽毛扇或羽毛球的大毛要贵。有时吹进来的风不够大,父亲就拿着扇子去扇风,被他扇起来的绒

毛，似屋外飘扬的雪花，他在一片"**银装素裹**"中若隐若现。"雪花"一旦乘风而起，凌空飞舞，父亲就会弯着腰，弓着背，一边扇一边剧烈地喘咳。为了多卖点钱供我和姐姐上学，父亲每晚都要这样忙到深夜。

父亲为何要卖鹅毛，我从不知原因。我更不明白，为何别人家的父亲都去大队里上工，可我家偏要让柔弱的母亲去？

这年冬天，疾风遇大雪，我家的泥墙草屋在暴风雪中坍塌了，一家人只好住进一个简易的草棚里。白天，父亲依然要去收鹅毛，母亲上工。晚上归来，父亲分过鹅绒后还要去垒房子。每晚只能垒一层，晾干后，第二天再接着垒上一层……因为太冷，父亲喘得更厉害了，棚外寒风咆哮，棚内久咳不止。春天来了，父亲终于把泥屋垒起来了，他却被轻盈的鹅毛担子压垮了。

长大懂事后，姐姐才告诉我，父亲当年患上了严重的慢性支气管炎，因为怕花钱治疗，只能硬扛着。医生告诫他不要干重体力活，需要多休息。可父亲哪肯休息，他坚决要去收鹅毛，因为这活相对轻松些。日复一日行走在寒冬之中，分鹅绒引起呼吸道敏感，又加上垒泥屋劳累，让父亲本来就脆弱的身体雪上加霜。我终于明白，压在父亲肩上的担子看似轻如鸿毛，对贫病交困的他来说却是千钧之担。父亲给我和姐姐的爱重于泰山。

银装素裹

本义指下过雪后，万物被大雪覆盖的壮阔场面，在这里凸出鹅绒毛之多。

亮点解读

明明沉重的生活担子却比喻为鸿毛，而父亲对我们的爱重于泰山，让人非常感动。

阅读理解要点：

本文写的是"我"小时候对父亲的病不知情，看到父亲咳嗽干不了重活很不解。而父亲虽然身患重病，还继续卖鹅毛赚钱，表现了父亲对我们深沉的爱，当"我"长大后知道了父亲的病情，"我"对父亲十分感激，也感受到父亲对我们深深的爱。

解析范文线索：

晓航来岛上陪爷爷→灯塔岛上的电线坏了，晓航帮忙修好→阿贵爷爷为了感谢爷爷救了他们，来岛上陪爷爷吃年夜饭→晓航感受到爷爷工作的重要性，心中充满自豪感

灯塔岛的年夜饭

文/张 帆

佳句解析

这句话运用了比喻的修辞手法，将晓航在岛上的寒假生活比喻成屋檐下晾晒的鱼，生动形象地写出了晓航来岛上生活一开始是兴奋且充满新鲜感的，现在觉得枯燥乏味，没有了新鲜劲儿。

　　蓝天、白云、绿树、鲜花，白天林子里追野兔，晚上枕着涛声入睡。岛上的一切，跟晓航想象的一样。但他很快发现，他的寒假生活就像屋檐下晾晒的鱼，被单调的风吹干了鲜活劲儿。这儿没有网络，打开老旧的电视机，收不到几个频道，节目里永远飘着三色的雪花。

　　晓航想，爷爷愿意独自与孤岛上的灯塔做伴，是因为他们性格相投，同样枯燥、乏味吗？

　　晓航爷爷每天的工作其实只有一件——太阳落山后，摇动塔内角落里发电机的手柄，然后合上电闸。每天如此，爷爷眼中只有日出日落，不在乎寒来暑往。眼看着明天除夕，家里却没丝毫过年的气氛。

　　"爷爷，明天过年，咱们回村里去热闹热闹吧，我快闷

死了。"晚饭时，晓航忍不住要求。

"灯塔不能离人。不出事还好，出事就是大事。马虎不得！"爷爷毫无商量余地地说道。

发电机的声音刚响起，幽蓝的电光闪过，刚亮的灯又黑了。晓航闻到刺鼻的焦煳味，赶紧起身跑进塔底。

电闸箱往外冒着青烟，爷爷用手电照着墙上，伸向塔顶的电线留下烧出的黑印。爷爷半天才说话："糟糕！糟糕！电这玩意我可不懂呀！"

晓航喜欢捣鼓各种电器，对电并不陌生，他内行地说道："电线老化漏电，造成短路。"

"你明白？太好了！快帮爷爷，必须现在弄好。"

晓航在灯塔里爬上钻下，忙乎半晌换好电线，重新点亮灯塔。他累得腰酸背痛上床睡去，第二天醒来，已是日上三竿。爷爷正在准备年夜饭，晓航瞄了眼厨房，顿时**心凉半截**。两人过年本就冷清，这年夜饭更是可怜。这时，汽笛声突然响起，旺财立即起身大叫，摇着尾巴冲下山去。

一条小渔船靠到岸边，锚刚入水，阿贵爷爷就跳上岸，后面跟着儿子庚崽、儿媳妇霞花，最后蹦下来的，是孙子小浪。他们手中提着大包小袋。阿贵爷爷带着全家来了！晓航爷爷**惊喜交加**。

晓航爷爷跑下山迎接："阿贵哥，你亲自送年货，不敢当！不敢当！"

手脚麻利的霞花婶不一会儿工夫就做出了一桌丰盛的年夜饭。大家围坐在桌边，阿贵爷爷却只埋头喝酒，不说话，气氛

> **心凉半截**
> 这里用夸张的手法形容失望，也从侧面写出了年夜饭异常简单。

> **惊喜交加**
> 又惊又喜，既有意料之外的不可思议，阿贵爷爷怎么会带着一家人过来！也表达了感激和欣喜之情。

显得有些沉闷。

"爷爷，我来替您敬酒讲话吧！"小浪突然说道。

"爷爷是敢作敢为的汉子，谢……恩……哪能用你代？"阿贵爷爷站起来，双手端着酒杯，突然有些结巴地说道。

"谢什么恩？阿贵哥你别吓唬我好不好？"晓航爷爷连忙起身，满脸诧异。

原来，阿贵爷爷昨天返航时，遇到海上大雾。他仗着熟悉航道，在前面带路。一直没见到灯塔，差点儿迷失方向，正在黑暗中摸索呢，突然看到灯塔的亮光。

没想到，换了根电线，却这么关键。晓航看到爷爷两眼放光，腰杆挺得笔直，顿时年轻了十岁，他脱口说道："爷爷，我回去就告诉爸爸，您在岛上很好，一点儿都不急着回北京。"

"谁说你爷爷要走？不走！"阿贵爷爷说道，"我们几个老哥们商量好了，以后轮流来找他喝酒，美得很！"

"哈哈哈！"

"铃——"欢笑声中，爷爷的手机铃声响了。

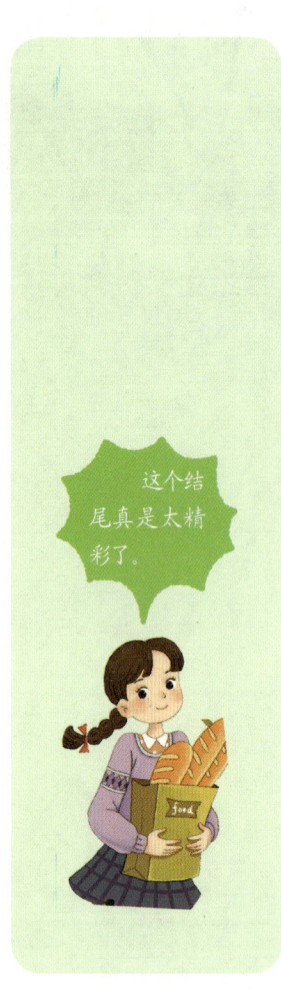

这个结尾真是太精彩了。

阅读理解要点：

本文写的是晓航来到爷爷工作的灯塔岛，一开始感觉到爷爷的生活工作枯燥乏味，想让爷爷回北京。但是因为灯塔及时修好，拯救了阿贵爷爷后，阿贵爷爷赶来感谢爷爷，晓航感到了爷爷工作的重要性，顿时心中充满了自豪感。

写作方法：

这篇文章的结尾比较特殊，以爷爷的手机铃声响了结尾，没有明确说出谁的电话，给读者以想象的空间。

解析范文线索：

小小和妹妹到河边玩耍，不小心掉到水里弄湿了衣服，两人都关心着对方→小小和妹妹计划盖一个小棚子，赶上小小要参加学校的成绩展览会，小小一直惦记着，但是回到家发现妹妹已经回家了，小小感到非常伤心和寂寞

寂 寞（节选）

文/冰 心

雨后溪水涨了，石上好像小船一般，微风吹着流水，又吹着柳叶。蝉声聒耳。田垄和村舍一望无际。

雨后石上的青苔滑得很，妹妹没有站稳，跤跌了下去。小小赶紧起来拉住，妹妹已坐在水里，钓竿也跌折了。好容易扶着上来，衣裳已经湿透，两个人都吓住了。

小小连忙问："碰着了哪里没有？"

妹妹看着手腕说："这边手上擦去了一块皮！这倒不要紧，只是衣裳都湿了，怎么好？"

小小看她**惊惶欲涕**，便连忙安慰她说："你别怕，我这里有手巾，你先擦一擦；我们到太阳底下晒着，一会儿就干了。如回家换去，婶婶一定要说你。"妹妹想了一想，只得随着他到岸上来。

小小站在树荫下，看妹妹的脸，被晒得通红。妹妹说："我热极，头都昏了。"

小小说："你的衣裳干了没有？"

妹妹扶着头说："哪能这么快就干了！"

小小道："我回家拿伞去，上面遮着，下面晒着就好了。"

妹妹点一点头，小小赶紧又跑了回来。

佳句解析

环境描写，交代故事发生的时间是雨后，也为下文石头很滑做铺垫。

惊惶欲涕

此处巧妙地运用了四字成语，活灵活现地展现出妹妹的惊惶以及着急落泪。

49

四下里找不着伞,赵妈看见便说:"小小哥!你找什么?妈妈和婶婶都睡着午觉,你不要乱翻了!"

小小只得悄悄地说与赵妈,赵妈惊道:"你出的好主意!晒出病来还了得呢!"说着便连忙出来,抱回妹妹去,找出衣裳来给她换上。摸她额上火热,便冲一杯绿豆汤给她喝了,挑些"解暑丹"给她闻了才好。

他们不敢出去了,只在家里玩。将扶着牵牛花的小竹竿儿,都拔了出来,先扎成几面长方的篱子。然后一面一面合了来,在树下墙阴里,盖了一个小竹棚,也安上个小门。两个人忙了一天,直到上了灯,赵妈催吃晚饭,才放下一齐到屋里来。

母亲笑说:"妹妹来,小小可有了伴儿了,连饭也顾不得吃,看明天叔叔来接了妹妹去,你可怎么办?"小小只笑着,桌上两个人还不住地商议做棚子的事。

第二天恰好小小的学校里开了一个"成绩展览会",早晨先有本校师生的集会,还练习唱校歌。

许多同学来找小小,要和他一块儿去。小小惦着要和妹妹盖那棚子,只不肯去,同学一定要拉他走。

他只得嘱咐了妹妹几句,又说:"午后我就回来,你先把顶子编上。"妹妹答应着,他便和同学去了。

好容易先生们来了,唱过歌,又乱了半天;小小不等开完会,自己就溜了出来。

从书店经过,便买了一把绸制的小国旗,兴兴头头地举着。进门就唤:"妹妹!我买了国旗来了,我们好插在棚子上——"赵妈从自己屋里出来,笑道:"妹妹走了。"

下午小小睡了半天的觉,黄昏才起来;胡乱吃过饭,自己闷闷地坐在灯下……

隐隐地听见屋后溪水的流声淙淙,树叶儿也响着,他想起好些事,枕着手腕——看见自己的睡衣和衾枕,都被月光映得洁白如雪,微风吹来,他不禁伏在枕上哭了。

这时月也没有了,水也没有了,妹妹也没有了,竹棚也没有了。这一切都不是……只宇宙中寂寞的悲哀,弥漫在他稚弱的心灵里。

佳句解析

环境描写,听见溪水的声音,树叶的响声,看见月光,感受到微风,渲染了一种静悄悄让人不由得思念伙伴的气氛。

阅读理解要点:

本文写了两件事,第一件事情是两个孩子一起出去玩弄湿了衣服,表现出孩子的童真,侧面写出两个孩子之间的感情很好。第二件事是两人计划搭小棚子,小小去学校参加活动还一直惦记着,早早回来,不料妹妹已经回家了。此时小小感到了孤独寂寞。

作家档案袋:

冰心,女,原名谢婉莹,诗人、作家、翻译家。笔名冰心取自"一片冰心在玉壶"。 她与吴文藻、费孝通等合作翻译《世界史纲》《世界史》等著作。代表作有《繁星·春水》《小橘灯》《寄小读者》等。

解析范文线索：

父亲死后继母对"我"的学习要求非常严格，不考第一就要跪着→之后每次考试"我"都是第一名并且考上了重点大学→继母去世后"我"看到继母的日记才了解到继母的良苦用心

继母的账本

文/艾 妃

- 1 -

亲生母亲离开她的那年，她还很小。与父亲一起生活到五岁，继母便来了。平淡的生活截止到她十岁那年——父亲在一次工厂坍塌事故中遇难了。

父亲出殡那晚，她梦到自己衣衫褴褛，沿街乞讨。醒来后，她第一次有了极强的恐惧感。

清晨，继母像平时一样做饭、唤她起床。她乞求道："我今天可以不去上学吗？我想爸爸。"可是继母**面无表情**地说："不行！不去上学，你爸就能活过来吗？"

那天，她是哭着吃完饭，哭着背起书包出门的。

面无表情

继母表情冷漠，显得非常没有人情味，一开始刻画出一个冷面无情的形象。

- 2 -

继母命令她必须考第一，不然就不许回家。

期末考试她考了班级第三。当她犹豫着走进家门时，继母指着墙角骂："跪着去，今晚不许睡觉！"原来，继母已经从同学那里打听到她没有考第一的事。那晚，她面对墙壁一直跪着，没有落一滴眼泪，也没有说一句软话。

- 3 -

之后每次考试她都是第一名。家长会那天，许多家长问继母是怎样培养孩子的，继母说："她的第一是跪出来的，不考第一就得跪着。"她狠狠地咬着牙跑回家，用拳头砸向墙壁。当发泄够了，她才发现继母正在她身后站着。

继母冷冷地说:"这点事就把你气成这样?以后会遭受打击的地方多了去了!你以后挣了钱得把欠我的都还给我,你以为我这么多年白养活你?"她听完继母的责骂之后,一字一顿地说:"你放心,我一定会把欠你的加倍还给你。"继母张着嘴愣住了,许久才恶狠狠地说:"你先考上重点高中再说吧!"

— 4 —

几年后,当拿到大学录取通知书时,她哭了。

大学的生活丰富多彩,她逐渐把继母从脑海里抹去。可大三那年春节前夕,有人打来电话让她回去一趟,说继母已经去世了。回去后,看到继母那本专门用来记录她以后应该还给自己多少钱的账本,她没想到,那居然是一本日记。

她打开日记本,一页一页翻看下去:

老周,我一定会把家玉带大,让她做个有出息的人。

你别怪我对孩子狠,她没有亲生父母,她必须坚强、独立、刻苦!

家玉没有考第一,我罚她跪着,那是在跪你,她不考第一,最对不起的是你。

家玉考上大学了,还是重点大学……

家玉,你从五岁那年来我家,跟着我生活,像我自己的孩子一样,我打你也罢,骂你也罢,总归是希望你有出息,可你怎么就不回家看看我呢?

本子掉了下去,砸在了她的脚上。她蹲下来,眼泪喷涌而出。

翻开日记的那一刻,"我"也释怀了。

结尾点明主题,终于写出了继母这么多年的良苦用心,前后对比,让人印象深刻。

思考与练习:

1. 父亲出殡那晚醒来后,"她"为什么产生极强的恐惧感?

2. "继母张着嘴愣住了,许久才恶狠狠地说:'你先考上重点高中再说吧!'"联系上下文写一写这里继母为什么愣住了,她可能在想什么呢?

3. 当看到继母的日记时,"她"会想些什么呢?

解析范文线索：

"我"在妈妈回家之前偷偷玩电脑,但是老妈还是发现了→与往常不同的是妈妈并没有骂"我"而是教导"我"→"我"发现妈妈老了。通过这件事"我"更觉得妈妈像福尔摩斯一样睿智

家有福尔摩斯老妈

文/张骏杰

悲摧

本义是不顺心、不称意,这里从侧面写出老妈的严厉,我在家会受老妈管教。

一连串的动作描写写出了"我"当时十分兴奋,迫不及待玩起电脑。

家有精明的老妈不稀奇,可怕的是有个福尔摩斯般的老妈。自此,我那悲摧的日子就在"福尔摩斯"的注视下艰难进行着。

"终于挨到放假了!"我如释重负地把书包往床上一扔,有气无力地窝在电脑椅里,慵懒地打开电脑,瞟了一眼显示器右下角,嗯,才三点多,老妈六点回来,不急……到时候我只要提前把电脑一关,就能瞒天过海!我咧嘴一笑,搓搓手,抓起鼠标进入了游戏世界。轻松的时间总是短暂的,不知不觉两个多小时过去了……我伸了个懒腰,哇,快六点了!我吓出了一身冷汗,赶紧关了电脑,搬来电风扇对着显示器一阵猛吹,然后收拾东西,搬椅子,打开作业本……动作娴熟,一气呵成!

这时,门外传来摩托车的喇叭声——老妈回来了!

我稳定了一下情绪,"从容不迫"地跑去开门。摩托车稳稳地驶入院中,老妈摘下头盔,我赶忙殷勤地接过来,笑嘻嘻地说:"老妈辛苦啦!"老妈满脸狐疑地盯着我,似乎要把我看穿。我心惊肉跳地摸了摸鼻梁。老妈一挑眉毛,说:"今天玩电脑没?"我不敢面对老妈那咄咄逼人

的目光,偷偷把视线移向地面,又摸了摸鼻梁,声若蚊蚋:"没……没有!"

"是吗?"老妈发问时已大步流星地走进房间,我急忙跟上她的脚步。

如我所料,老妈摸了摸电脑显示器,瞅了我一眼,我感受到那福尔摩斯般的目光,便吞了吞口水,故作镇定地撩了一下刘海。

"你还说没玩电脑?这椅子都是热的!我就发现你一直在摸鼻梁,你呀你,一心虚就会这样!"老妈哼了一声,坐在椅子上,双手抱胸,阴沉着脸,但不像我想象的那样恼羞成怒,"我知道你读书辛苦,偶尔玩玩电脑放松一下没问题。但时间不能太长!你现在视力下降快,还要天天用眼……长点儿心,知道不?"我呆呆地看着老妈,这要换作以前,她铁定铺天盖地对我一顿臭骂,今天这是怎么了?

"还看什么,以为我还要骂你呀?"老妈看着**呆若木鸡**的我,"唉,你现在长大了,翅膀硬了,不能总骂了!"

呆若木鸡

本义形容一个人有些痴傻发愣的样子,在这里点明老妈的举动在我意料之外,让我大吃一惊。

佳句解析

这里是对母亲的外貌描写，作者观察得非常仔细，细致的外貌描写让我们感受到妈妈老了，作者为妈妈老了感到心疼。

听到这话，我失神地望着坐在椅子上的老妈。不知何时起，老妈那乌黑亮丽的头发已被时间染出点点白花，那红润紧致的脸颊已被岁月溅出了星星的黑斑，那总是眯着的眼角已被生活磨出了鱼尾纹。

我哽咽着，一把抱住老妈："那就剪了翅膀！"

老妈用她那被时光刻出痕迹的双手摸着我的头，许久才说道："等养肥了再剪吧！"

这就是我家的福尔摩斯老妈，一位平凡却睿智的母亲。

阅读理解要点：

本文写了"我"偷偷玩电脑，还自作聪明地把电脑吹凉以防妈妈发现，但是妈妈通过椅子是热的这个细节，还是知道了"我"玩了电脑，整个事情表现出妈妈像福尔摩斯一样平凡睿智。

当妈妈没有因为玩电脑而批评"我"，而是选择教导"我"时，"我"发现妈妈老了，内心感到自责。

写作方法：

这篇文章结构清晰，采用总分总的结构，开篇写自己有一位福尔摩斯一般的老妈，中间用具体事例来说明妈妈的睿智，结尾与开头呼应，再次说明自己有一位福尔摩斯老妈，平凡却睿智。

解析范文线索：

大年夜，枣花和弟弟山枣给奶奶送接年饭→枣花和山枣把接年饭送到奶奶坟前→姐弟俩在奶奶坟前磕头→白蜡燃尽后，姐弟俩下山了

接年饭

文/张忠诚

姐姐枣花在前面走，弟弟山枣跟在后面走。枣花挎了一个荆条筐，一件旧棉袄把荆条筐捂得严严实实，筐里是一碗热乎乎的接年饭。天咋这么黑呀？黑得结结实实，没有一星星亮，没有一丝丝光。道上散落着一地碎石瓦块，姐弟俩把山路踩得哗啦哗啦响。风呼呼的刮得刺耳，打在脸上疼得挠心挠肺。"姐，我冷，你让我把手伸到筐里焐焐吧！"山枣在后面说。

枣花说："出门前咱俩咋说的？不管咋冷，接年饭都不能冻凉了，凉了奶奶咋吃？"

天确实太冷了。枣花放下荆条筐，两腿夹住筐沿，生怕一阵风把筐吹翻了。黑暗中，枣花抓过弟弟的手，夹在自己的手掌中间用力地搓着。山枣的手热了，手一热心也暖了。山枣说："姐，我也给你搓搓吧。"山枣学着枣花的手法，给姐姐搓手。枣花的手也热了，手一热心也跟着暖了。

"走吧。"枣花的左臂弯里**挎**着荆条筐，右臂弯里**挽**着山枣。

山枣问："姐，你说娘今晚能回来吗？"枣花没吱声。枣花想：今天晚上怎么就这么黑呢？今晚是大年夜，大年夜就应该亮亮堂堂的！天怎么这么冷呢？每年这个时候，已经能嗅到一点儿春的味道了，今年的这时候却比三九天还冷。

佳句解析

开头巧妙运用拟人的修辞手法，环境描写设置巧妙，既写出了夜路十分黑，也写出了山路崎岖难走。

两个动词表明了两个动作，将人物写活了，形象地再现了姐弟俩手拿东西走夜路的形象。

刺啦

拟声词组，让人仿佛身临其境，使描写更加生动传神。

寒气撕扯着大地，那声音像是拉大锯，又像是凿冰面。"刺啦"一声就是一条缝子，"嘎嘣"一声就是一道口子，"刺啦"几声，"嘎嘣"几下，大地就裂开了。枣花挽紧山枣，顶着风往山上走。

筐里那碗接年饭还热着。枣花捧出接年饭，放在一座新修的坟前，然后拿出一截白色的蜡头，栽在接年饭前。风太大了，火柴划燃一根被风吹灭，划一根又被风吹灭。山枣凑在枣花身边，用身子给枣花挡风。火柴擦燃了，黑黑的山坡上忽然有了一线暖人的光亮。枣花小心地将火柴移到蜡烛前，白蜡一跳一跳地烧起来，把那一碗接年饭照得清清楚楚。但这么大的风，一颗小小的蜡火是着不长久的。风一吹，蜡就忽地一下灭了。

枣花只好将那截蜡栽在荆条筐里，可刚点着就又被风吹灭了。枣花急得就差掉泪了。奶奶眼花，黑灯瞎火的这饭可咋吃？不吃接年饭，那叫啥过年呀？枣花将上衣脱下来，围住荆条筐，围出一个南瓜状的大灯笼，然后麻利地擦燃火柴，点着了灯笼里的白蜡。风打透了枣花身上的棉袄，枣花随着风的节奏开始一阵一阵地发抖。枣花说："给奶奶磕头吧！"

姐弟俩结结实实地给奶奶磕了三个头。

　　白蜡燃尽后,沿着来路,两个孩子下山了。满山依然是推不开揉不动折不断揉不碎的漆黑一片,路不平,姐弟俩走得磕磕绊绊,踩得碎石哗啦哗啦响……

阅读理解要点:

　　本文写的是枣花和山枣姐弟俩的故事。第一部分主要写姐弟俩冒着寒风走山路,为了把接年饭送到奶奶坟前,想尽办法点上蜡烛让奶奶吃好。这部分内容让人十分感动,读出了姐弟俩对奶奶的思念。

写作方法:

　　本文采取的是倒叙的手法,先写给奶奶送接年饭,再按照事件发展顺序写故事。整篇文章显得比较生动,故事情节波澜起伏,给读者不一样的阅读体验。

　　文章有哪些叙述顺序呢?

　　(1)顺叙:按事件发生、发展、结果的先后顺序来写。

　　作用:使叙事有头有尾,条理清晰,读起来脉络清楚、印象深刻。

　　(2)倒叙:先写事件的结果,或把事件发展过程中最突出的片段提到前面,然后再用顺叙写出整个过程。

　　作用:制造悬念,吸引读者,避免叙述得平板单调,增强文章的生动性,使故事情节波澜起伏。

　　(3)插叙:由于表达方式、情节的需要,暂时中断主线的叙述,而插入有关的事情或片段,使读者得到更全面的了解,插叙后再接着原线叙述。

　　作用:交代补充,为下文做铺垫,丰富文章内容,突出表现了中心。

> **解析范文线索：**
>
> 父亲站在大雪里看果树，他怕大雪压断了树枝整整敲了一上午的雪→夜里父亲又去敲雪→父亲因为敲雪生病了一直不见好转，"我"让父亲吃一个桃吊吊胃口，父亲却舍不得吃

敲 雪

文/刘靖安

父亲站在屋对面的小路上。他眼下，是一丛一丛的雪枝。我知道，托着雪的，是密密麻麻的树枝。每到春天，那些树枝就开出一堆一堆的杏花、李花、桃花，五彩缤纷的，像一片花的海洋。

果子渐渐成熟了，父亲停了农活，从早到晚蹲在树下守着。卖果子的钱，父亲一分一厘也不花，全存着，刚好够我们读一年书。

可是，这不是果树开花、结果的季节呀，父亲看那些雪树做啥呢？我走到父亲面前，不解地问："你看这树干吗？春天还早。"父亲脸上露出了忧郁，说："这雪太大了，树枝压断了好多。""回去拿根竹竿来吧。"父亲**沉吟**了一阵，对我说。我忙不迭地回家找来一根长竹竿。父亲站在树下，竹竿伸到枝头，慢慢地、轻轻地把积雪一点点敲下来……几十棵果树，父亲整整敲了一个上午。

父亲回家时，头上、脸上、身上全是雪，被体温融化的雪水，湿透了他的衣服。

晚上又下起了大雪。半夜，父亲突然翻身跳下床，惊醒了我们。我们问他怎么了，父亲说："我听到树枝又断了，一声连一声，我得敲雪去。"我们说这么远，听不到。可是父亲不理会我们，拖着竹竿，打着手电就出了门。

沉吟

本义是遇到复杂或疑难的事迟疑不决，低声自语，这里指的是父亲看到这么大的雪压断了很多树枝十分心疼，看着大雪迟疑不决最终决定去敲雪。

天亮，父亲回家，把我们摇醒，高兴地说："一根树枝也没断，你们又能上学了，又有书本了。"父亲的牙齿咯咯直响，磕得不听使唤。

第二天，父亲就病了。冬天过去了，春天来了，夏天也来了，杏呀、李呀、桃呀，比往年都大，都红。父亲的病却一直不见好转。我挑了两个又大又甜的桃，捧到父亲床前，说："爸，你尝尝，好甜呢！"

父亲挣扎着撑起身子，劈手打掉我手里的桃，怒气冲冲地吼道："谁叫你们吃？这是你们的书本啊！不想读书了？"

"想！"我哭着说，"我们没吃，只想让你吃一个，你的胃口不好！"

父亲叹了口气，拉过我，给我擦了一把眼泪，说："捡起来吧，我吃一个！"

我看见父亲咬了一口桃，桃汁溅了出来，父亲的眼泪也一下子流了出来。

> **亮点解读**
>
> 这句话是对父亲动作、语言和神态的描写，写出了父亲当时十分生气的样子。

阅读理解要点：

本文写的是父亲靠种果树供我们念书，大雪来临父亲怕压折了树枝影响收入去给果树敲雪，也因此患病一直不见好转。敲雪的事情让我们看出父亲对我们深深的爱。

结尾处"我"给父亲吃桃，父亲边吃边流泪，是因为父亲自责能力不够，也自责刚才误会孩子的一片好心，对孩子发脾气。

写作方法：

写人叙事的文章经常需要细节描写，本篇文章的细节值得学习。

解析范文线索：

在爷爷奶奶家吃饭的时候吃出虫子，"我"想回家，爸爸的话让"我"对爸爸的行为有了深刻的理解→"我"反思自己的行为→"我"和爷爷奶奶的相处方式发生了改变，理解了爸爸和爷爷奶奶之间的爱与牵挂

爸爸的爸爸妈妈

文/崔曙光

一

当我伸出筷子，夹起一片白菜薹叶，准备往嘴中送时，感受到一丝异样，接着仔细一瞧，菜叶上竟然躺着一条蜷曲的青虫。我给爸爸使眼色，让他看菜叶上的青虫，无论如何我不肯继续吃饭。

爸爸大学毕业后到千里之外的城市工作，然后在那里买房、结婚。我们只在过年和国庆假期时回来。每次回来，爷爷奶奶都很欢喜，可是，爷爷奶奶不会说普通话，我对家乡话又完全陌生，因此，我和爷爷奶奶交流起来很费劲。

回到爷爷奶奶家后，爸爸便整天陪着爷爷奶奶打牌、聊天。无论我饿了、渴了，他都不管。所以每次去爷爷奶奶家，我都抱着隐忍的态度，用一种体验生活的心态咬牙坚持。

二

可是这次，我不想忍了，我壮着胆子跟爸爸说："我想回家。"然后开始数落种种不便。

爸爸听不下去了，大喝道："够了，一个男孩子，怎么这么矫情？爷爷奶奶在这里生活了一辈子，他们说过什么吗？我小时候也一直生活在这里，我还不是长得结结实实的？你才住几天，就嫌东嫌西？这哪里是男子汉的作为？"

"我"满腹牢骚，一点儿小事反复说起，点明"我"的种种不满早已深藏内心。

爸爸说着说着，突然眼圈一红，语气缓和下来，对我说："你知道的，爷爷得了胃癌，前年做了手术，虽然恢复得很好，但在我心里这到底是一个梗，爸爸与爷爷见一面少一面。"爸爸的话让我一愣，心脏仿佛被什么击中了一般，猛地一震。爷爷是爸爸的爸爸，爸爸对爷爷的爱，就像我对爸爸的爱一样。

三

明白过来后，我开始审视我这几年在爷爷奶奶家的所作所为。

我五岁那年喜欢在手机上玩游戏。来到爷爷奶奶家后，我非常不习惯没有网络的日子，住了一天就吵着要回城里的家。爸爸不同意，我就背起书包，拿起自己的拉杆小行李箱，雄赳赳、气昂昂地往外走。

奶奶急得在后面追，问爸爸："蹦蹦要去哪里？"爸爸却笑了，说："他要回城。"并拦住爷爷奶奶，不让他们追我。爸爸知道，我这次揭竿而起纯粹是胡闹，我怎么可能真回家？家在千里之外呢！我的这次英勇之举没有取得任何胜利，我怀着雄心壮志出门，**垂头丧气**地回归。

亮点解读

爸爸说话之前，神色动作有了变化，才使得接下来的对话充满冲击力，让"我"深有感触，意识到自己的错误。

垂头丧气

说出我的低落，前后对比，说出我的回家计划失败。

这篇文章的题目真有意思。

四

我们回城的前一天晚上,奶奶特意包了饺子,有好几种馅。饺子煮熟后,奶奶将第一碗盛给我,期待地问:"好吃吗?"我烫得龇牙咧嘴,使劲点头:"好吃。"奶奶很高兴,脸上的褶子全笑开了。

第二天离开的时候,爷爷早早起来了。我不再表现得兴冲冲,而是依依不舍。我们租的车很快来了,我打开车门,上了车。爷爷拉着爸爸的手,问爸爸:"什么时候再回来?"奶奶用手整理爸爸的衣领,说:"要照顾好自己。"爸爸抱住爷爷奶奶,哽咽着说:"你们一定要保重身体。"

我从车上跳下来,跑过去抱住爷爷奶奶。爷爷奶奶吓一跳——长这么大,这是我第一次抱他们。之前,他们想抱我,我都设法躲开。爷爷奶奶很快反应过来,也紧紧抱住我,说:"你要督促你爸爸,让你爸爸少熬夜、少喝酒。"

我郑重地点头,我现在明白了爸爸和爷爷奶奶之间的爱与牵挂。虽然我明白得有些晚,还好,不算太迟……

写作方法:

本文写出了很多自己的感受变化,让我们更能体会作者的内心变化。比如"爸爸的话让我一愣,心脏仿佛被什么击中了一般,猛地一震,鼻子酸酸的,眼睛也发涩,爸爸的话引起了我的共鸣"。这句话写得很好,细腻地写出了"我"听了爸爸的话很感动,为自己的所作所为感到惭愧。这种细腻的侧面描写更能打动人,让读者感动。

思考与练习:

文章把题目"爸爸的爸爸妈妈"换成"我的爷爷奶奶"不是更直接吗?作者为什么这样设置?

解析范文线索：

外公非常疼爱"我"和弟弟，他是个扎灯匠，我引以为豪→外公改行"拉瞎子"后"我"嫌弃他，觉得丢人→得知瞎子是外公的战友

扎灯匠

文/申赋渔

外公的家**孤悬**在村外的一个垛子上。门朝东，对着一条南北大路。这是很奇特的。乡下房屋几乎都是朝南。其中缘由，我不十分清楚。外婆去世得早，三个舅舅各自成家立业，并不跟外公住在一起。我只是在过年的时候去外公家住几天。那是他最忙，也是我觉得最好玩的一段时日。他在给元宵节扎花灯。

大年初二那天，我和弟弟又拎了两包茶食——一包京果，一包桃酥，去给外公拜年。从我家到外公家有二十多里，我跟弟弟走一路玩一路，并不觉得远。京果的香味一阵一阵地飘来。我说，我们一人吃一颗吧，也看不出来，弟弟当然附和。

一颗，两颗，三颗……不知不觉吃了半纸袋。拿半袋茶食拜年是不像样子的。不过照规矩，外公会还一包给我们。索性吃掉了，就让外公别还了。于是我们全吃了。

外公的牙全掉了，嘴扁扁的，笑起来很不好看，可是看着慈祥。看我们只拎了一袋桃酥来拜年，他只是扁着嘴笑笑，立即一人塞一只兔儿灯让我们去玩。

外公的屋是三间茅草屋。左边一间是他的卧室，中间是客厅，右边是他的工作间。工作间里全是各式的纸、竹篾和灯笼。他对我和弟弟特别宠爱，什么灯都可以任我们拿

孤悬

本是形容人无所依靠，这里是想凸显外公的住所独立于村子其余的人家，为后文埋下伏笔。

去玩，玩坏了也没关系。只有一盏除外，那是一盏八角的走马灯。框架是梨花木，雕着各式的兵器，灯罩是透亮的防风纸。灯里面是几个骑马的小人，其中一人画着黑白的花脸，说是项羽。灯的底座上刻着"十面埋伏"四个字。这灯终日挂在屋梁上，谁也碰不得。只有到三月十六日东岳大帝的庙会，才摘下来，挂到东岳庙里的神像前。点起蜡烛，灯里的人儿转起来，外面看，就像有无数的兵马在追赶着项羽。全乡就这盏灯最耀眼，它是外公的杰作。每年到东岳庙会，我都会跟所有小朋友说，看看看，会跑的灯，是我外公扎的。

从二十多岁起，外公扎灯已经四十多年，到六十五岁这一年，忽然歇手不做了。他改行去做"拉瞎子"。

"拉瞎子"算什么行当呢？什么也不是。瞎子不知道从什么地方钻出来的，忽然就出现了。右手拎着一面小铜锣，走几步，"当"的一声敲一下，左手握着一根长长的竹竿，由人在前面牵着。牵着这竹竿的就是我的外公。

瞎子走村串户，敲着铜锣找人算命。外公向所有熟识的人引荐这可厌的瞎子。我上小学，正是很要体面的年龄。外公拉着瞎子的锣声经常会从学校外面响过。那是四村交合的要道。

"那不是你外公吗？拉瞎子啊。""瞎子专门骗人的钱。""拉瞎子，拉瞎子，拉瞎子。"他们看到我就这样朝我喊。因为这个，我跟同学打了好几回架。几乎每个星期都

> **亮点解读**
>
> 这段是过渡段，承接上文外公是扎灯的，引出下文外公开始了"拉瞎子"。

能撞到拉着瞎子的外公。外公看到我，老远就喊我："大鱼儿。"我装作没听到，飞一般躲得远远的。可是外公每次看到我，还是喊。

高中毕业后，我去无锡打工，并**辗转**于各个城市多年，等我流浪回来，外公已经不在了。

妈妈跟我说，外公不在了。病倒在床的时候，那个瞎子，也在那里，每天陪着。

"就他拉的那个瞎子？"

"嗯，就是那个瞎子，跟他是战友。"

> **辗转**
>
> 这个词点出"我"漂泊在多地工作的状态，也从侧面反映出"我"在外漂泊之久。

阅读理解要点：
　　我起初觉得外公扎灯手艺很好，引以为豪，外公也十分疼爱我和弟弟。后来外公开始"拉瞎子"后，我觉得这样很丢人，长大后得知瞎子是外公的战友，理解了外公。

写作方法：
　　我们在写作的时候，想要将这件物品写得细腻，那就必须认真观察它，这样写出来更加真实而且方便表达喜爱的情感。例如"框架是梨花木，雕着各式的兵器，灯罩是透亮的防风纸。灯里面是几个骑马的小人，其中一人画着黑白的花脸，说是项羽。灯的底座上刻着'十面埋伏'四个字。这灯终日挂在屋梁上，谁也碰不得"。这里对走马灯有很细致的描写，看得出在作者的记忆中这盏灯十分珍贵。

解析范文线索:

安然受姐姐的影响喜欢歌星→姐姐高考失利去了邻省读书,安然与姐姐分开→安然看姐姐的日记,回忆起往事,认识到姐姐与她的亲情十分珍贵

姐姐的日记

文/叶佳琪

1. 磁带里的歌曲

安然周围的玩伴全是独生子女,只有她,就因为多了一个姐姐,家里的零食和玩具都得一分为二。

那时候,安然对外界的所有认知,几乎都来自姐姐。安然上二年级的时候,上初二的姐姐从学校带回一张海报,那是安然第一次知道"明星",从那天开始,安然宣布,自己最喜欢的明星和姐姐一样。

上大学后,安然去听了一场演唱会,脑子里想起的,只有小时候姐姐带回家的那张海报,以及那个本该用来学英语,却总被姐姐拿来放新歌的旧旧的录音机。

2. 念咒语的巫婆

安然成绩很好,姐姐的成绩却**截然相反**。姐姐高考之前,安然也不记得是因为什么事与她起了争执,只记得姐姐最后干脆把自己锁在了屋子里。安然怎么甘心落于下风,便一直站在门口,以一种幸灾乐祸的口气反复念叨着:"别看了,反正你也考不上!"像极了一个恶毒的念咒语的巫婆。

后来,姐姐去了邻省的省会念大学。安然坐在空荡荡的房间里,兀自喊了几声"姐姐",发现没有人**火急火燎**地跑过来说"谁让你进我房间的?快出去"时,才彻底明白,她和姐姐共同成长的岁月,在这一刻画上了句号。

截然相反

形容事物或事件毫无任何关联,这里说明姐姐的成绩并不优秀,也是造成姐妹间产生嫌隙的原因之一。

火急火燎

形容极度着急,这里也从侧面点出,没有了姐姐的着急,我也很落寞。

3. 姐姐的日记

安然偷看过姐姐的日记。一个很小的盒子里放着一个小小的日记本，老旧的式样，封面上厚厚地盖了一层灰。

"今天我做梦梦见安然死了，哭着醒过来，跑到安然房间去看了看，还好，她还在睡觉，原来只是一场梦而已。"

"为什么爸妈就看不到我的好呢？好像在他们的心里，安然做什么都是对的，我做什么都是错的……"

安然一页页翻阅着，突然想起很久以前的一个清晨，她被姐姐摇醒，蒙眬中姐姐塞给她一枚五毛钱的硬币，嘱咐着："安然，这钱给你，你以后要听妈妈的话。"意识尚未清醒的安然并未意识到姐姐的反常，后来她才反应过来，那五毛钱，是姐姐对自己年幼的妹妹的放心不下吧。

安然曾因不能独享父母的宠爱而心存遗憾，曾在成长的岁月中与姐姐互生嫌隙。只是这一刻，抱着那个蒙尘多年的日记本，往日的种种温情小事涌上心头，安然才发现，原来，能在这世界上拥有一个亲姐妹是一件弥足珍贵的事——她们的身体里流淌着同样的血液，她们参与并见证了彼此的成长，她们截然不同又如此相像，互相讨厌又互相挂念，她们是这世上彼此唯一的姐妹。

亮点解读

文末点题，全文采用总分式结构，上文讲姐妹间的嫌隙，本句作者意识到了亲情珍贵。

阅读理解要点：

本文写的是两姐妹之间发生的事情，妹妹安然曾经因为不能独享父母的宠爱而心存遗憾，直到姐姐离家去上大学，安然看到姐姐的日记，回忆起往事认识到她和姐姐之间的亲情十分珍贵。

解析范文线索:

海子当升旗手,他拿着妈妈给的钱买了一双白球鞋→爸爸带着他看到妈妈是做掌灯猴来挣钱的→为自己买鞋而后悔,最后把白球鞋退了→妈妈知道海子要当升旗手还是给他买了一双白球鞋,海子非常感动

掌灯猴的儿子

文/乌娜姬

村里的女人白天忙地里家里的活计,晚上聚到东头妇女主任家做绣活,村里没通电,还在点煤油灯,用一个灯省钱得很。

海子的功课一直很好,村里人都说海子将来绝对能考上北京的大学哩。海子倒还没想到北京那么远,现在的他正盯着脚上露脚趾的球鞋犯难。

就在昨天,老师说这次校运动会选海子做旗手。海子的球鞋已经破得像筛子网,想着运动会穿着一双破球鞋心里就别扭,他的手掏向兜里的钱,昨天妈揉着红肿的眼睛说这钱是给他买书的,海子犹豫了很久,攥得满手心汗。

海子还是买了双新球鞋,兴冲冲到了家,爸一眼看到海子抱着的鞋,问:"哪来的鞋?"

"我妈赶集把绣活卖了给我的啊。"话音刚落,爸的巴掌就打了上来,"不争气的东西,你妈吃了多大苦你知道吗?"海子长这么大,从来没挨过一个指头,海子越想越委屈,忍不住呜呜哭了,哭得累了迷迷糊糊睡了过去。

天黑的时候海子被爸给叫醒了,爸看着他哭肿的脸叹了口气,对海子说:"爸知道你委屈,可你知道你妈那钱是咋

亮点解读

这句话引起下文海子用买书的钱买了一双白球鞋。过渡句可以使文章衔接自然,结构严谨。

挣的吗？走，我带你去看看。"

海子跟着爸走到村东口妇女主任家，就着**昏黄冒烟**的煤油灯，他们看到一屋子女人都在做绣活。

"掌灯猴，你把灯靠这边点儿。"有人说话。

"你不会低一点儿啊，撑那么高谁看得清？"另一人抱怨道。

"掌灯猴，你猫点儿腰。"又是谁在命令着。

海子听到她们是在说角落里那个掌灯的人，大家在她身边围成一个圈，她佝偻着腰，看着背影就很难受。夜里做活的时候经常需要一个掌灯的人，叫掌灯猴，给人家照顾着灯，保证灯的高度能叫所有人看得清楚，做活的人给这个人一点钱，这是最笨最叫人看不起的活计。海子只觉得脑子里嗡地一响，浑身的血液都冲向脑袋。

第二天，卖鞋的大妈在海子的软磨硬泡下终于同意把鞋退了，海子捏着钱向老师辞去了做旗手的机会。

晚上放学回到家，一双白得耀眼的球鞋刺痛了海子的眼，妈笑呵呵地说："今天遇到你们老师，你做旗手咋不跟妈说呢？快看鞋子合脚不？"

校运动会上，海子还是做了旗手，他举着旗子走在队伍前面，穿着雪白的球鞋，精神抖擞。他看到妈站在远处乐呵呵地看着他，他只觉得浑身有了勇气，步子迈得更大，腰板也挺得更直。

昏黄冒烟

点出了房间光线很暗，环境艰难，而母亲手执这样的煤油灯，更突出了她的不容易。

阅读理解要点：

海子用妈妈辛苦挣来的钱买了一双白球鞋，当得知妈妈挣钱十分辛苦后，感觉很后悔，退掉了白球鞋。而妈妈知道孩子是升旗手后，还是给孩子买了一双白球鞋，海子非常感动。这篇文章歌颂了母亲对孩子的爱，同时也让我们看到了一个懂事的海子。

解析范文线索：

梦见爷爷骑着他的海骝马,带着"我"在宝力格图大川上飞奔,突然就找不到爷爷了→重感冒昏睡了很久醒来,家人告诉"我"爷爷去了月亮上→我想念爷爷,又昏睡了过去

爷爷去了月亮上

文/阿拉坦格日勒

1

爷爷骑着他的海骝马,带着我在宝力格图大川上飞奔。一股熟悉的气味夹杂着草木的清香,伴着阳光和炊烟扑面而来。我贪婪地吮吸着,就像躺在爷爷热烘烘的被窝里一样,既亲切又舒心。跑着跑着,不知道怎么就来到了芨芨滩……

我在芨芨草丛里,跟着一只小兔紧追不放。跑了一会儿,再回头,爷爷不见了——爷爷绝不会把我扔在野地里不管呀!他不管去哪儿,总是像带着影子一样领着我。

芨芨草一堆一堆,又高又密,我深一脚浅一脚地边找边喊:"爷爷……"

2

头疼好了许多,眼皮仍很沉重。我勉强睁开眼四下看去,墙上不知为什么挂着爷爷的照片,再看看爷爷的铺位,有着暖烘烘气味的蓝被子和皮褥子都不见了。

"莫日根夫的感冒好些了吗?"是邻家阿姨的声音。

"整整昏睡了一天一夜,总算好些了。只可怜他爷爷,一着急一口痰卡住就'睡'过去了!"是阿妈带着哭腔的声音。睡过去了?难道爷爷比我睡得还久吗?我挣扎着爬起来溜下炕,跟跟跄跄朝西屋走去。西屋里坐着很多人,有认识的,有不认识的。炕的中间横躺着一个人,蒙着一块白布,

佳句解析

这句话运用了比喻的修辞手法,将闻到的气味比喻成爷爷被窝里的味道,生动形象地写出了"我"当时感觉既亲切又舒心,从侧面看出"我"和爷爷的关系很亲密。

看似睡着了。

我的到来引起了一屋人的不安，阿爸慌忙迎上来搂住我想说什么，但最后只是长长地叹了一口气。我焦急地问："爷爷去哪里了？""月亮上吧。"

"怎么没领上我呢？""大概是因为你得了重感冒吧。"

阿爸拉着我来到炕沿前："给你爷爷磕头，愿他在月亮上保佑你！"

我**似懂非懂**地磕了三个头。看了一眼炕上躺着的那个人，我心想：他肯定不是爷爷，爷爷是从来不睡懒觉的。

3

爷爷曾经对我说过："月亮上有一棵神圣的桂树，树下还有一只美丽的小白兔。"

我望着当空的圆月，心想：爷爷是怎么去到月亮上的呢？是蹬着木梯子还是骑着他的海骝马？四下看看，爷爷做的木梯子依旧倚在东墙，海骝马正围着马桩焦躁不安地打转——大概它和我一样想爷爷了。我突然想哭，可是想起爷爷曾说过"不能哭闹"的话，我忍住了。

不知过了多久，我又困了。感觉有人把我抱了起来。是阿妈？是阿爸？还是爷爷？有人叫我莫日根夫，有人叫我爷爷的机灵鬼、爷爷的尾巴。可今天爷爷丢下他的尾巴走了。

我又回到了芨芨草滩，爷爷正骑着他的海骝马，披着一身月光朝我飞奔而来……

好像懂，又好像不懂；童年时，我对爷爷去世这件事还没有办法完全领会，因此这里说似懂非懂。

结尾的省略号表示还没有说完后面的话，作为结尾给读者留下想象空间。

阅读理解要点：

本文以"我"做梦梦见"我"和爷爷骑马开头，能感受到"我"和爷爷非常亲密，爷爷很爱"我"。醒来后，大人们告诉"我"爷爷去了月亮上，"我"回想起与爷爷的往事，不由得思念起了爷爷。

写作方法：

本文首尾呼应，结构更加完整和严谨，在内容上能使含义更加深刻，借用在梦中爷爷带"我"骑马表达了"我"对爷爷的思念。最后还使用了省略号，给读者想象空间。

解析范文线索:

四年级的时候哥的同学欺负"我",哥并不帮"我"→初一的时候哥让"我"自己扔虫子→自从哥上了高中,就变成了好哥哥

老哥,别来无恙

文/黎瞳羽

- 1 -

我读四年级,我哥读六年级。每次我等我哥一起放学回家,我哥的同学们就会欺负我。幸好我是一个女汉子,会追着他们打,从不手下留情。但无论从身高还是力气上讲,我都毫无优势,所以就算我不手下留情,也没有多大的区别。于是我向我哥求救:"哥!他们欺负我!"想象中的"谁欺负我妹我跟他不客气"的场面并没有出现,而是我哥对他的兄弟们说:"没事,使劲打,打不过我再帮你。"

- 2 -

我读初一,我哥读初三。身为女汉子的我,有一个不像我性格的缺点——怕虫子,每次看见虫子,我都是抱着"不可亵玩焉"的态度敬而远之。

那时是春天,万物复苏,虫子什么的很多。有一次我看见一只叫不出名字的虫子,有点害怕,便央求我哥把那只虫子扔掉,然而我哥却用武力逼迫我自己扔。隔着五层面巾纸,我依然摸到了它的轮廓,还感觉到有点脆脆的,那真的是一次很可怕的体验。

把虫子扔了之后我就开始哭,害怕到极致。

- 3 -

现在我是初三毕业生,我哥是准高三生。没有了以往的**针尖对麦芒**,我们甚至结成了联盟,而这个联盟就是在对方

针尖对麦芒
比喻双方都很厉害,互不相让;这里指"我"和哥哥之前的相处模式常常是互不包容、互不相让。

被父母责骂的时候，给予对方一定的帮助，切不可在一旁**煽风点火**。

自从我哥上了高中，我居然有一种他成了好哥哥的感觉。

两个月前，我转发了一则视频@我哥，并附上文本：我最帅最帅的哥！视频是一双手不断往一个箱子里塞好吃的，直至把箱子塞满。我想表达的意思不言而喻。

之前我哥仗着身高优势，将手肘按在我头上，语重心长地问："妹啊，我帅吗？"

我露出谜一样的微笑："帅！帅！"

"那我是不是对你特好？"

"对！对我特好！"

让我感到惊讶的是，两个星期后，我哥抱着一个箱子回来了，里面装的全是我爱吃的零食。

— 4 —

现在别人说羡慕我有一个哥哥的时候，我也会一脸骄傲地嘚瑟："对啊！我也很羡慕我自己。"

此时此刻我哥坐在我旁边看着前面的内容感叹："我以前有那么凶吗？"说罢，他拿起我的手机，把我给他备注的"超级超级凶的丑哥哥"改成了"超级无敌巨无霸帅的哥"后说了句："老妹，别来无恙啊！"

别来无恙，我超级无敌巨无霸帅的哥哥。

煽风点火

比喻经常煽动人做某些坏事，在这里作者是想表达，兄妹俩有了惺惺相惜之感，从之前的互不相让到现在的相亲相爱。

佳句解析

重复上文哥哥对"我"说的话，呼应文章主旨，用"别来无恙"点明虽然哥哥以前很凶，但是爱"我"的感情一直没有丝毫减弱。

阅读理解要点：

本文写的是兄妹俩从小到大感情的变化，小时候"我"总觉得被欺负，直到哥哥上了高中才变成心目中的好哥哥形象。文章语言风趣幽默，读后让人感受到了兄妹情深。

解析范文线索：

王奶奶收到孙女的信,找刘爷爷读信后发现孙女遇到了困难,十分担心→王奶奶照着刘爷爷的字完成了一封27字的家书,并且寄给了孙女→孙女收到家书十分感动

奶奶的27字家书

文/张 红

王奶奶收到一封信,是孙女诗佳寄来的。因为儿子儿媳常年在外打工,孙女诗佳是她一手带大的,祖孙俩感情很好。拿着孙女的信,王奶奶小心翼翼的样子,仿佛手中拿着无价之宝。

王奶奶没上过几年学,认识的字不多,加上年纪大了,很多字早就忘了。王奶奶只好带着信去了村东头的刘爷爷家,刘爷爷是退休中学教师。听刘爷爷一字一句地读孙女的来信,王奶奶开始还面带笑容,当听到孙女说最近和好朋友产生了误会,心情不太好时,王奶奶开始担忧起来。孙女的脾气她最了解,如果不是太难过,太无助,是不会写这封信的。

当晚,王奶奶一夜没睡。她在想是不是要跟孙女打电话聊聊,可又怕孙女不爱听自己唠叨。想来想去,她决定给孙女回一封信。

第二天一早,王奶奶又去找刘爷爷,说想给孙女回一封信,想让他帮着写好,自己再照着抄一份。刘爷爷爽快地答应了。可是写些什么呢?王奶奶想来想去,只让刘爷爷教她写了27个字。

回到家,王奶奶拿出刘爷爷写的字条,戴着老花镜,佝偻着身子,用颤巍巍的手握着铅笔,模仿着刘爷爷的字,一笔一画地写到信纸上。27个字,王奶奶写了一个小时。

佳句解析

一连串的动作描写表现出奶奶写得非常认真,从侧面也可以看出奶奶担心孙女想尽量把字写好,也是奶奶对孙女爱的表达。

终于写完，王奶奶开心地笑了，似乎已经看到了孙女收到信时激动的样子。随后，王奶奶来到镇上的邮局，买了邮票和信封。请邮局工作人员帮忙填好收信地址，再把信封用胶水封好。将信投进邮筒，王奶奶**恋恋不舍**地站了一会儿，才脚步轻松地离开。

几天后，远在扬州大学的诗佳意外地收到一封来自奶奶的家书。本来她写信回家，是想把家当作一个树洞，把自己的苦闷和烦恼倾诉出来，根本没有指望奶奶回信。打开奶奶的信，27个大字**赫然**出现在眼前：多吃点，不要减肥，晚上不要出门，照顾自己，常回家，给你做你爱吃的。

歪歪扭扭的铅笔字，六个简短的句子，让诗佳泪流不止。她感到温暖，又感到不可思议。温暖的是，她感受到了奶奶对她的爱；不可思议的是，文盲奶奶竟然会写信，这完全出乎她的意料。诗佳把奶奶的信读了很多遍，每读一遍，都觉得心中的温暖在发芽。当她把信珍藏起来时，心中已经是晴空万里，繁花盛开。

恋恋不舍

形容舍不得离开，短短四个字，将王奶奶站在邮局门口对孙女的牵挂、思念、爱意展现出来。

赫然

形容使人惊讶的事物突然呈现在眼前的样子，这里主要是想突出文盲奶奶竟然会写字了。

阅读理解要点：

文中奶奶收到孙女的信十分开心，但得知孙女遇到困难时很担心，于是让刘爷爷帮忙写好字，不会写字的奶奶照着抄写，这才完成了27字的家书。孙女看到后十分感动。从这件事中可以看出奶奶非常疼爱孙女，祖孙俩情感深厚。

结尾写到"当她把信珍藏起来时，心中已经是晴空万里，繁花盛开"，这里的比喻句可以生动形象地写出孙女看到奶奶的信时不开心的事情都烟消云散了，心里特别开心和满足。

思考与练习：

1.奶奶看到孙女的信就担忧起来，奶奶在担忧什么呢？

2."将信投进邮筒，王奶奶恋恋不舍地站了一会儿，才脚步轻松地离开。"奶奶当时可能在想什么？

3.这篇文章中的奶奶是个怎样的人？

解析范文线索：

"我"在孩子们睡觉后吃东西的事情被孩子们发现了,被要求看一场电影→回忆一些生活中孩子们和"我"之间发生的小事,显示出我们互相了解,乐在其中

鸭的喜剧

文/林海音

"好,被我发现了!"尖而细的声音从厨房窗外的地方发出来,说话的是我们那长睫毛的老三。这一声尖叫有了反应,睡懒觉的老大,吃点心的老二,连那摇摇学步的老四,都奔向厨房去了。正在洗脸的我向窗外一伸头,只见四个脑袋扎做一堆,正围在那儿看什么东西。啊,糟了!我想起来了,昨天晚上……

"看!"仍然是三姑娘的声音,"这是什么?橘子皮?花生皮?还有……""陈皮梅的核儿!"老大说。"包酥糖的纸!"老二说。

"哪儿来的花生皮?"我被质问了,匆忙之间拿了一句瞎话来搪塞,"王伯伯带他家大宝来了,当然要买点儿东西给他吃呀!"我一说瞎话就要咽唾沫。

所以我的瞎话一眼就被孩子们看穿了,然后四张小脸抬起来冲着我,长睫毛的那个,把眼睛使劲挤一下,头一斜,来了一嗓子干脆的:"赔!"

我们喜欢在孩子睡觉以后吃一点儿东西,没有人抢,没有分配不均的纠纷。在静静的夜里,一面看着书报,一面吃炒花生。可是问题来了,群儿早起,早在仆妇还没打扫之前,就发现扔进簸箕里的花生皮。

没话说,最后我们总算讲妥以一场电影来赔偿昨晚"偷

佳句解析

这里是对孩子们的动作和语言描写,让我们感受到了孩子们对母亲十分了解,也从侧面感受到了孩子们的可爱。

吃东西"的过失。跟他们讲条件也不容易，他们喊价很高：一场电影，一个橘子，一块泡泡糖，电影看完还得去吃四喜汤团。一直压到最后只剩一场电影，是很费了一些口舌的。

逢到这时，母亲就会骂我："惯得不像样儿！"事实上，我实在不会管孩子，我假装尊严的面孔常常被我的不够尊严的心情所击破。在屋小、人多、事杂的生活环境下，孩子们有时有些不太紧要的过错，也忍不住让人痛骂一顿。但是孩子们挨了骂的样子实在令人发噱，我努力抑制住狂笑，用一张报遮住了脸，立刻把噘着的嘴唇松开来。这时我可以听见老二的声音，她轻轻地对老三说："妈妈想笑了！"于是我们就笑成一堆，好像在看滑稽电影。

老大虽然是个粗心大意的男孩子，却也知母甚深，三年前还在小学读书时，便在一篇题名"我的家庭"的作文里，把我分析了一下："我的母亲很能吃苦耐劳，不过她的脾气很暴躁，大概是生活压迫的缘故……"

看到这一句我又忍不住笑了，立刻想到套一句成语，"生我者父母，知我者儿女"。

我曾经把我的孩子称为"四只丑小鸭"，所以在我家里发生的日常可以称作"鸭的喜剧"。人生有许多快乐的事情，可再没有比做一个母亲更让人感到快乐的。

佳句解析

这里也是对孩子们和"我"的细节描写，刻画出一家人幸福的样子。

阅读理解要点：
本文写了"我"和孩子们之间的生活琐事，言语间透露出我们互相了解，文章最后揭示主题，表达出"我"做母亲感到很快乐，"我"也很爱"我"的孩子们。

写作方法：
这篇文章选取的都是生活中的点滴小事，让我们不时忍俊不禁。看到作者对孩子们的语言、动作、神态描写细腻，就知道孩子们与妈妈之间关系十分融洽，也符合作者想表达的作为母亲她乐在其中。

写作小锦囊

写寓言故事的思维导图

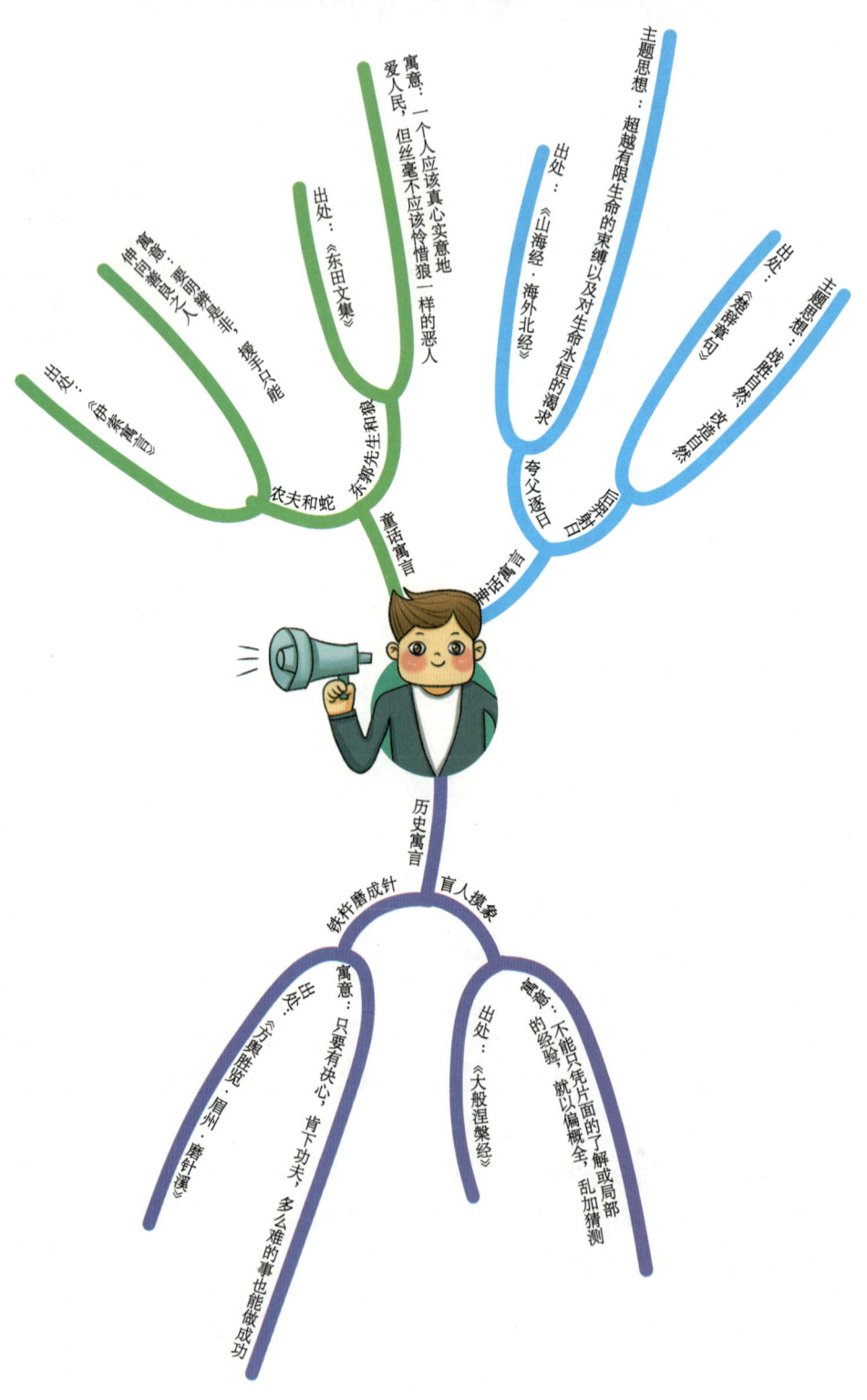

风偷去了我们的桨

文/顾 城

就是这样
一阵风,温和地
偷走了我们的桨
墨绿色的湖水,玩笑地闪光
"走吧,别再找了
再找出发的地方"

也许,夏雨的快乐
使水闸坍方
在隐没的柳梢上
青蛙正指挥着一家
练习合唱

也许,秋风吮干了云朵
大胆的蚂蚁
正爬在干荷叶的
帐篷上,眺望

也许,一排年老的木桩
还站在水里
和小孩一起,等着小鱼
把干净的玻璃瓶
在青草中安放

也许,像哲学术语一样的
湿知了
还在爬来爬去
遗落的分币
在泥地上,冥想

不要再想
再想那出发的地方
风偷去了我们的桨
我们
将在另一个春天靠岸
堤岸又细又长
杨花带走星星,只留下月亮
只留下月亮
在我们的嘴唇边
把陌生的小路照亮

解析范文线索：

一天晚上"我"发现圆乎乎的东西在偷枣→发现是一只刺猬→爸爸向"我"介绍刺猬

带刺的朋友（节选）

文/宗介华

一

秋天，枣树上挂满了一颗颗红枣，风儿一吹，轻轻摆动，如同无数颗飘香的玛瑙晃来晃去，看着就让人眼馋。

一天晚上，新月斜挂，朦胧的月光透过枝叶，<u>斑斑驳驳</u>地洒在地上。我刚走到后院的枣树旁边，忽然看见一个圆乎乎的东西，正缓慢地往树上爬……

我非常惊愕，赶忙贴到墙根儿，注视着它的行动。那个东西一定没有发现我在监视它，仍旧诡秘地爬向老树杈，又爬向伸出的枝条……挂满红枣的枝杈，慢慢弯下来。

后来，那个东西停住了脚，兴许是在用力摇晃吧，枣枝哗哗作响，红枣噼里啪啦地落了一地。

我还没弄清楚是怎么回事，树上那个家伙"噗"的一声，径直掉了下来。听得出，摔得还挺重呢！

佳句解析

这句话将红枣比喻成玛瑙，生动形象地写出了红枣缀满枝头，大、红且晶莹剔透的模样。

斑斑驳驳

月光下，枝叶的影子打在地上隐约、朦胧，一小片一小片，不规整的样子。

我被吓了一跳，但出于怜悯，倒对它没有扒紧树枝有些埋怨。很快，那个圆乎乎的东西，竟又慢慢地活动起来了。

看样子，眼下的劲头，比上树的时候足多了。它匆匆地爬向四周，把散落的红枣儿逐个归拢到一起……

猛地，我恍然大悟：这不是刺猬吗？难道是它在偷枣儿吃？可是，又让人纳闷儿，为了几颗红枣儿，重重地挨了一顿摔，怎么还不赶快把枣儿叼回家去呢？

谁知，它忙乎了半天，最后停在枣堆儿边，"噗噜"，就地打了一个滚儿。你猜怎么着？归拢起的那堆枣儿，全都扎在它的背上了。立刻，它的身子"长"大了一圈。

也许是害怕被人发现吧，它驮着满背的红枣，向着墙角的水沟眼儿，急火火地跑去了……

原来是这样！望着小家伙消失在水沟眼里的背影，我暗暗钦佩：聪明的小东西，偷枣的本事可真高明啊！

可是，它住在什么地方呢？离这儿远不远？窝里还有没有伙伴……好奇心驱使我蹑手蹑脚地追到水沟眼儿，弯腰望去，水沟眼儿里黑洞洞的，小刺猬已经没有了踪影。我暗暗地思忖：小刺猬呀，可真逗，偷枣儿那么诡秘，逃跑又那么迅速。可是它究竟钻到哪儿去了呢？

二

第二天吃早饭的时候，我再也憋不住了，就把小刺猬偷枣儿的事，一五一十地告诉了爸爸。

我的爸爸，是个见多识广的人。他那肚子，就像一个丰富多彩的故事**兜**儿、知识**篓**儿，不管什么时候，只要一"挤"就会冒出来，保管让你听直了眼。

"嗯，别看刺猬个儿不大，可偷起枣儿来，就是那么鬼头。"爸爸笑笑说。

"那么，它干吗晚上才出来呢？"我又开始刨根问底了。

你也动笔写一写身边的小动物吧。

兜 篓

用兜、篓这类生活中常见的盛装东西的物件来盛装爸爸脑袋里的知识，更加具体、形象，便于读者理解，也贴合文章的语言特色。

"按书上说,它是夜行性动物,和猫头鹰、黄鼠狼一个样,白天休息,专在晚上上工呢,就像专打夜班似的。"

"它都吃什么呀?"

"嚄,它的胃口挺好的,吃的样儿可多了,什么花生、枣儿、青蛙、田鼠、蛇、昆虫、草根……有的说它是益兽,也有说它是害兽的。实际上,它是益多害少哩。"

"嗯嗯!"我不住地点头,"那么,刺猬在哪儿住啊?"

"地方多了。山坡洞,乱草堆,树窟窿,木头垛,草棚子……"

"那……咱们家……"

"你甭问,咱们家没住着刺猬。"没等我把话说完,爸爸的话已经截断了我的后路。可是,从爸爸的话音和脸部的表情上看,我已经发现了秘密。咱们家咋没住着刺猬?那偷枣儿的刺猬从哪儿来?难道它会跑出几里地来寻吃的?绝不会的。我暗暗**嘀咕**起来:一定要找到它的家,看看到底是个什么样。

嘀咕
私下里小声说话,形容说话的声音很小,能够准确表达"我"的内心正在暗暗地活动,有自己的打算。

阅读理解要点:

当年贫困的生活诱发了"我"饲养小动物的兴趣。小刺猬是其中的一种。别看这个小家伙浑身长刺,可十分乖巧。慢慢地,我们成了好朋友。每当夜幕降临时,小刺猬就溜达出来,与"我"一起玩耍。

写作方法:

这篇文章中最大的特点就是将刺猬偷枣的过程写得十分生动。用一系列动词写出了刺猬身手敏捷,偷枣行为高明。文章对刺猬的称呼也是有变化的,从开始的"那个东西,那个家伙"变成了"小家伙,聪明的小东西",称呼的变化也能让读者感受到作者从厌恶刺猬转变成喜欢刺猬。

解析范文线索：

父亲说快要下雪了，孩子们期盼着下雪→醒来后发现已经下雪了，我们在雪地里玩雪→玩完雪后，望着雪思索

雪之殇

文/毛云尔

下次遇见下雪时，你会怎么写了吗？

冬天的第一场雪，总是在寒假刚开始的时候，便不期而至。这时候，学校已经放假，田野和山坡上的庄稼大都收割了，忙碌的大人和小孩，都空闲下来，一个个无所事事似的，坐在火坑边，烤着火。

就在大家烤着火的时候，一天的时光，不知不觉地缓慢过去了。抬起头，外面已经有了朦胧的暮色。父亲伸了伸懒腰，打开那扇漏风的木门。漏风木门的裂缝被父亲糊了厚厚的一层报纸。就在开门的刹那，父亲像个孩子一样高兴地大喊大叫起来："哇，快要下雪了！"

我们几个孩子，刚才还像怕冷的猫一样蜷缩在火坑旁，听见父亲的喊声，大家不约而同站起来，几个毛茸茸的脑袋挤在门框里，一齐朝外面眺望。

很快，我们便失望起来。天空还和昨天一样，灰蒙蒙的；大地上，枯萎了的草木依旧瑟缩着身子；不远处那条小溪，发出隐隐约约的流淌声。除此之外，我们再也看不到其他事物。自然，从这些事物身上我们也看不出一丁点儿即将下雪的迹象。

"真的，快要下雪了！"面对满脸狐疑的我们，父亲**言之凿凿**地说道。

"嗯，是快要下雪了。"母亲探头看了看外面的天空，随即附和道。

言之凿凿 本义是话说得很有根据，非常肯定。在这里指父亲当时说话的语气十分肯定。

85

亮点解读

这句话运用了比喻的修辞方法，将路比喻成枝条，生动形象地写出了旷野里这些小路很小，很僻静，空空荡荡，没有生机。

我不知道父亲和母亲是如何掌握这些秘密的。掌握了这些秘密的他们，让我们佩服不已。正因为如此，很多时候，我们对父亲和母亲的话，深信不疑。这一次，当父亲告诉我们几个孩子，雪快要来了时，短暂的犹豫之后，我们便欢呼雀跃着跑出家门，去迎接冬天第一场雪的到来。

我们跑到旷野里，偌大的旷野空空荡荡，只有几条瘦小的道路，仿佛几根落光了叶子的树木的枝条。我们沿着其中的一条，朝着远方跑去。我们不停地跑着，冰凉的风从我们张开的嘴巴灌进去，一会儿工夫，我们的嗓子就疼痛起来，接着我们小小的肺，像风箱一样起伏，开始喘着粗气。可我们还是不愿意停下脚步。和我们一起在风中奔跑的，还有自家的狗。

我们是什么时候停下来的呢？啊，直到我们跑出去很远很远了，直到父亲和母亲呼喊我们吃饭的声音从背后追来，我们才折转身体，沿着来时的道路，怏怏不乐地回去。回到家，我们带着哭腔问父亲和母亲："雪，怎么还没有来？"

"雪，还在路上呢。"父亲摩挲着我的头说。

这天晚上，躺在床上，我想象着雪在路上行走的样子。然而，就在我浮想联翩之际，窗外，那枯萎的草木身上传来一阵又一阵细微的声响。那是雪落大地的声音。那是雪在

"路上"行走的声音。

等我醒来的时候，冬天的第一场雪已经来到了我的身边。它们躺在旷野里，躺在山坡上，躺在小溪旁边的乱石滩上，甚至还有的躺在头顶细细的电线上，风一吹，它们从电线上跌落下来，一大团一大团地跌落下来，砸在地面的积雪上，发出很响的声音，仿佛将地面上的积雪砸疼了。

这些雪静静地躺在大地上，仿佛一个走了很远很远的人，已经累坏了，连说话的力气都没有了。按道理，我们应该让这些远道而来的雪好好歇息一会儿，可事实上，没有哪一个孩子想到这一点。我们在雪地里奔跑。我们将雪捏成一团，扔出去。我们堆奇形怪状的雪人。我们还将雪朝空中抛去，企图制造出一种飘舞的景象。是的，我们想尽各种法子来"**折腾**"这些雪。

很快，冬天的第一场雪带给我们的惊喜消失殆尽。我们继续蜷缩在火坑边烤火。就在我们烤火的时候，自家的狗也懒洋洋地蜷缩在我们身边，而田野和山坡上的雪正一点点地减少。往往等我们再次抬起头来时，我们会无比惊讶地发现，这场铺天盖地的雪，只剩下很小很小的一部分了。它们藏匿在某片树林里，或者某座山的峰巅上，远远看去，仿佛一副旧的银手镯，闪耀着若有若无的黯淡光芒。

佳句解析

作者想象力十分丰富，将雪拟人化，采用动静结合的习作方法，将白茫茫的、静悄悄的一片雪写得活灵活现，极富画面感。

折腾

折腾本是表示贬义，这里指孩子们折腾这些雪玩得很快乐，有很多创造力。

阅读理解要点：
　　本文写大雪来临，孩子们在雪地里玩耍十分开心，玩过之后望着这片很小很小的雪，依然觉得雪带给了我们快乐，赞美雪的无私。

写作方法：
　　这篇文章用到了比喻和拟人的修辞方法，生动形象地写出了大雪过后，雪地里安静的样子。我们在写景时可以采用动静结合的写作方法，本文作者想象力十分丰富，将雪拟人化，采用动静结合的习作方法，将白茫茫的，静静悄悄的一片雪写得活灵活现，极富画面感。

解析范文线索：

按照一月到六月的顺序讲述篮儿村的故事

篮儿村月令（节选）

文/赵梓淳

一月下了好大的雪。篮儿村上上下下白茫茫一片，很是好看。

村如其名，篮儿村的人个个都会编篮子、编竹筐。他们去村东头的竹林砍竹子，一劈两半。再劈去竹肉，削去竹节，两面磨得光光亮。

二月的空气里都是**腊味香**，小孩子和狗满地撒欢儿，吃灶糖，吃点心，扯根竹棍当马骑，疯上一个月。春节后面紧跟着上元节，每年按规矩都要做上个一人高的大兔灯，晚上拉着满村走。小孩子们举着小兔灯拥在两边，笑笑闹闹。

三月起春风。风有点黏，也有点甜香，不像冬天的风，招呼也不打就给人个耳刮子。风也**撩**得小李心痒痒，这样好的天气，在田埂上撒开脚丫子跑多舒服啊！可是只要瞥到爸

腊味香

二月里因为有春节和上元节，空气中满是香味，形容味道的词语给二月赋予了很多年味和生活气息。

撩

赋予了风儿拟人的色彩，将三月的春风写得妩媚动人。

爸大李的脸色，他多半就老老实实地坐回他的小杌子，摆弄小竹片儿。

小李在一个很暖和的四月开始学编篮子。首先一把小篾刀割破了他的手，接着他又和一把大篾刀干了一架，受伤惨重，后来大小竹刺欢天喜地扑进了他的手指。

五月农人们都下地，小李也不闲着，在堂屋里下劲儿练劈竹子的基本功。编了好几十个蟹篓盖，总算换来大李淡淡的一句"像点样子了"。小李简直兴奋得睡不着觉。

篮儿村的六月已经有了伏天的影子，人们大都懒怠出门，在屋后竹林里乘凉。小孩子们倒一点儿不怕热，跑进跑出捉迷藏、掏鸟蛋……

佳句解析

拟人的修辞方法，生动形象地写出了小李学编篮子的时候，被大小竹刺扎得很惨。

阅读理解要点：

本文写的是篮儿村一月到六月的事情，表达了作者对篮儿村的喜爱之情，也表达出作者对农村生活的热爱与赞美。

写作方法：

本文在结尾处给人以想象的空间，让我们感受到孩子们在村子里的活动很多，生活很有趣。

有些句子修辞方法用得很恰当，例如：小李在一个很暖和的四月开始学编篮子。首先一把小篾刀割破了他的手，接着他又和一把大篾刀干了一架，受伤惨重，后来大小竹刺欢天喜地扑进了他的手指。运用了拟人的修辞方法，生动形象地写出了小李学编篮子的时候，被大小竹刺扎得很惨。

解析范文线索：

从路上的景色写起→抬头看天空再回到地面→由夜霜的景色联想到友人→对友人的思念

夜 霜

文/郭 风

四次用到了"凝结"，有加深印象的效果，好像处处都凝结着白霜。

我沿着溪边的小径，要走回到村里去。

我看见稻草垛上，**凝结**着白霜。

我看见池沼边的草地上，**凝结**着白霜。

我看见村庄的木栅、篱笆上，**凝结**着白霜。

我看见溪岸上的乌桕树上、梅树上，**凝结**着白霜。

月亮好像一朵冰冷的黄玫瑰。北斗七星好像几颗冰冷的宝石。我看见月光和星光把乌桕树和梅树的树枝，画出树影来，画在溪岸的草地上。

这句话富有想象力，将夜霜下的树影写得十分唯美。

我受到深深的感动。我看见溪岸上的草地，凝结着白霜，好像一块无尽铺展的白色画布，上面画出了非常美丽的树影，好像墨笔画出来的浓墨色的树影。

这一刻，我忽地无缘无故地思念起一位友人，一位刻苦的、勤奋的、谦逊而又有点固执的画家来了。

写作方法：

本文多用修辞方法，语言优美并且富有想象力，将夜幕下白霜的景色写得美到极致。

思考与练习：

1. 在回村的路上"我"都看到了哪里有霜？
2. 请用横线画出一个静态描写的句子。

> **解析范文线索：**
>
> 开篇写雪地是一张大大的演草纸→由雪厚写到雪薄最后雪不见了→鸟儿这个答题者终于交出了答卷→春天来了，冰雪融化，绿叶红花就是春天

雪地是春天的演草纸

文/李德民

厚厚的雪地，是一张大大的演草纸。里面，一棵棵落光叶子的树，是一道道竖式计算题。

一只鸟飞来，在枝条上蹦来蹦去地叫着。这只鸟正在口算着加加减减，雪地上的树影是答案。得出了结果，还要验算呢，所以树在风中摇晃着。

雪变薄了，麦苗显露出来。一行行麦苗，是一道道文字应用题。

一只鸟飞来，在麦苗间蹦来蹦去地叫着，这只鸟正在念着题目呢。叫几声停下，停停再叫，这肯定是鸟在审着题意。有时候它歪头望着天空，一动不动地好像在思考；有时候它扑扇起翅膀，好像高兴找到了解题方法。

雪已经不见了，被雪水滋润的大地不是演草纸，是作业纸。上面抄写下来的答案是：

阳光减去雪，等于春天；绿叶加上花蕾，等于春天。

佳句解析

开篇运用比喻的修辞手法，将厚雪地比作一张大大的演草纸，落光叶子的树则像是一道道竖式计算题；写出了对雪的喜爱，以及对春天的期盼。

> **阅读理解要点：**
>
> 本文写出了雪厚厚的时候，变薄的时候，不见的时候雪地的样子，小鸟作为答卷者最终在冰雪消融时找到了答案，迎来了绿叶红花。冬天的雪都是在为春天的到来做准备，迎来春天的喜悦不言而喻。文章表达了对雪的喜爱与赞美，也表达了对春天的期盼，对春天到来的喜悦。

解析范文线索：

通过故乡引出月亮→童年时在故乡的回忆→尽管看过广阔世界的大月亮，仍心系故乡心爱的小月亮

月是故乡明

文/季羡林

每个人都有个故乡，人人的故乡都有个月亮。人人都爱自己故乡的月亮。事情大概就是这个样子。

但是，如果只有孤零零一个月亮，未免显得有点孤单。因此，在中国古诗文中，月亮总有什么东西当陪衬，最多的是山和水。

我的故乡是在山东西北部大平原上。我小的时候，从来没有见过山，也不知山为何物。因此，我在故乡里望月，从来不同山联系。像苏东坡说的"月出于东山之上，徘徊于斗牛之间"，完全是我无法想象的。

至于水，我故乡的小村却大大地有。几个小苇坑占了小村一多半。在我这个小孩子眼中，虽不能像洞庭湖"八月湖水"那样有气派，但也颇有一点烟波浩渺之势。到了夏天，黄昏以后，我在坑边的场院里躺在地上，数天上的星星。有时候在古柳下面点起篝火，然后上树一摇，成群的知了飞落下来，比白天用嚼烂的麦粒去粘要容易得多。我天天晚上**乐此不疲**，天天盼望黄昏早早来临。

我只在故乡待了六年，后来背井离乡漂泊天涯。在济南住了十多年，在北京度过四年，又回到济南待了一年，然后在欧洲住了十一年，重又回到北京，到现在已经十多年了。在这期间，我曾到过世界上将近三十个国家，我看过许许多

乐此不疲

本义指对一事情产生兴趣，沉溺其中，不觉得疲倦、劳累这里指童年时乐趣繁多。

多的月亮。在风光旖旎的瑞士莱芒湖上，在平沙无垠的非洲大沙漠中，在碧波万顷的大海中，在巍峨雄奇的高山上，我都看到过月亮。这些月亮应该说都是美妙绝伦的，我都异常喜欢。但是，看到它们，我立刻就想到我故乡中那个苇坑上面和水中的那个小月亮。对比之下，无论如何我也感到，这些广阔世界的大月亮，万万比不上我那心爱的小月亮。

我现在已经年近耄耋，住的朗润园胜地。前几年，我从庐山休养回来，一个同在庐山休养的老朋友来看我。他慨然说："你住在这样的好地方，还到庐山去干吗呢！"可见朗润园给人印象之深。此地既然有山，有水，有树，有花，有鸟，每逢望夜，一轮当空，月光闪耀于碧波之上，而且荷香远溢，宿鸟幽鸣，真不能不说是赏月胜地。荷塘月色的奇景，就在我的窗外。

然而，每值这样的良辰美景，我想到的仍然是故乡苇坑里的那个平凡的小月亮。见月思乡，已经成为我经常的经历。思乡之病，说不上是苦是乐，其中有追忆，有惆怅，有留恋，有惋惜。流光如逝，时不再来。在微苦中实有甜美在。月是故乡明，我什么时候能够再看到我故乡的月亮呀！我怅望南天，心飞向故里。

佳句解析

尽管看过不少美轮美奂的月亮，但仍比不上"我"心爱的小月亮。通过对比的手法，更加突出对小月亮的怀念。

亮点解读

结尾点题。再次呼唤出故乡的月亮，表达出作者浓浓的思乡之情。

写作方法：

本文抒发了作者浓浓的思乡之情。季老以其特有的清新、自然的笔调向我们展现了故乡那温馨的夜晚，那恬淡的明月，童话般美妙的童年，给人一种亲切的感受，使我们感受到了作者那深切的思乡之情。

作家档案袋：

季羡林（1911—2009），著名东方学大师、语言学家、翻译家、史学家。精通梵语、阿拉伯语、英语、德语、法语、俄语、吐火罗语等12种语言，翻译了大量作品。2006年被授予"翻译文化终身成就奖"。

解析范文线索：

春天是生命成长的姿态→春天是花朵开放的姿态→春天是劳动的姿态→人们热爱春天，迷恋春天，赞美春天

春天的姿态

文/雨 兰

春天的姿态，是生命成长的姿态。

春天里，蒜头们都发了芽。看看小院里放着几个闲置的花盆，还没有考虑要移植什么花草，于是我就浇了好多水，等花盆里的泥土湿透，就把发了芽的蒜头，一瓣瓣地按进了花盆里。殷勤的照管，再加上最近几天温度偏高，小蒜头们晒着暖暖的太阳，吹着暖暖的小风，很快就长成绿意盈盈的小蒜苗了，像是一个个青葱小少年，昂扬向上，自信矜持……哦，生命真是美妙！

生命是顽强的。对于大部分的生命来说，只要给它们一个良好的生长环境，一个自由自在的生长空间，它们就蓬蓬勃勃地生长。我最初在花盆里种下这些小小的蒜头，倒也没有指望它们能够长大、结出新蒜，只是觉得好玩，也是想欣赏生命成长的喜悦，感受生命成长的喜悦。

春天的姿态，是花朵开放的姿态。

佳句解析

这句话将小葱苗比喻成少年，运用了比喻的修辞手法，将小葱苗生机勃勃的气质展现出来。

在春天，有多少花朵在努力地绽放，**恣肆**地绽放，无所顾忌地绽放，轰轰烈烈地绽放，无所保留地绽放啊！在料峭的早春二月，就有迎春花、玉兰开始绽放芳华，而后的月份里，接着是连翘、紫叶李、紫荆、榆叶梅、碧桃、杏花、桃花……有的宛如在跳芭蕾，有的宛如在练金鸡独立，有的仿佛在张开羽衣飞翔。这些亲爱的花朵们，它们迎着春风，沐浴着阳光，风姿翩翩，芳心似火。

春天的姿态，还是劳动的姿态。

一年之计在于春。春季是农事比较繁多的季节，农人们开始了辛勤的劳作，他们在田野里或者忙于耕耘土地，或者忙于春季的灌溉，或者忙于除草、施肥，或者忙于整饬土地，播下种子，或者忙于育苗、移苗，或者忙于整修水渠……大地上的辛勤劳动者、一线劳动者，除了我们人类，其实还有蜜蜂、蚂蚁、粪金龟、蚯蚓、瓢虫、燕子等，这无数个可爱的劳动者，它们也是一天天忙碌不已呢！它们或者筑建巢穴，生儿育女；它们或者辛勤耕耘，疏松大地；它们或者清理清洁大地，养育孩子；它们或者捕捉各种小虫子；它们或者采集花蜜，酿造甜美生活……

春天里，万物都是昂扬向上的。哪怕是再卑微的生命，也要为自己求得自由生长的空间。

人们热爱春天，迷恋春天，赞美春天，是热爱这春天里生命成长的姿态，是迷恋这春天里花朵绽放的姿态，是赞美这春天里劳动的姿态。

恣肆

本义是放肆，无顾忌。这里表现出春天的花朵，在肆意地绽放着。

文章最后总结人们热爱春天的原因，再次点明主题、赞美春天。

阅读理解要点：

本文分别从"生命成长""花朵开放""劳动"三个方面，来说明春天的姿态，层次分明，由自然界的物推及自然的主体——人，渐次深入。文章善用比喻和排比，如春天般优美，如成长般充满了勃勃生机。

解析范文线索：

提出反问"霜怎么会暖呢？"→列举一些事物经霜降节气后准备过冬→列举一些事物经霜后更加凸显与众不同的绝美风姿→人经历风霜后最终会迎来更豁达绚烂的风景，更美好的人格心性

霜是轻轻的暖

文/米丽宏

晓晴寒未起，青霜染黄叶。

下霜的日子，怎么会暖呢？冷。干冷。日出之前，地面、屋舍、树叶、一根谷草、一垛枯柴，都覆上了一层寒冷的雪意：有的长出点白毛毛，有的镶上了蕾丝花边。美是美的。

真冷。干冷干冷的，怎么会暖呢？

霜降，像一声棒喝，轻轻的，浅浅的，但足以阻住万物蓬勃伸张的狂热。它像一种铁打的规矩，不可通融，不可改变。古书说，霜降有三候：豺狼开始捕猎过冬食物，大地草木叶黄飘落，虫子全在洞中冬眠了。

但也有一些例外。那些物事，越是经霜，便越是凸显出与众不同的绝美风姿。

松柏之质，经霜弥茂，这是骨气；枫叶之色，经霜欲红，这是绚烂；法桐，扑簌下落，半是浅青，半是赭黄，叫人忍不住生出几分轻愁；墙上爬山虎，老红叶子掩不住一身虎骨，红艳艳的烟火日子，经霜更红火。

佳句解析

使用短句，使文章凝练，读起来朗朗上口，排比句式，增加了文章的广度，可见作者非凡的写作功底。

还有白菜，白居易写白菜经霜：浓霜打白菜，霜威空自严。不见菜心死，反教菜心甜。霜前的白菜，菜帮生硬，味道青涩，吃起来口感呆板，毛扎扎，**柴燥燥**，愣头青的二百五一般。但是，来一场霜吧，一场霜后，青涩、愣怔之气被杀去，味道眼见地醇厚、丰满起来，入口脆灵灵的。还有霜后的萝卜、红薯之类，在霜降后，看似眠去了，其实，内涵在不断优化。所以，白菜、萝卜、红薯越放越甜。

　　柿子呢，经霜后，皮变薄，肉更鲜，味更美。民间说，霜降吃柿子，不得口角炎。把柿子做成柿饼，日晒夜露，会析出一层雪白柿霜。经历一场霜，能让它们具备更好的品质。

　　自然界的风霜，是一种物候现象；人生中的风霜，则往往意味着逆境、危机、艰难险阻，乃至无奈、低落、悲哀、痛苦。然而，面对风霜，去提升自我，优化自我，它就成了一种契机。风霜**熬**过，便迎来收获。

　　因此，风霜，是一种环境，一种历练，亦是一种条件，一种要素。经风历霜，去品味，去感悟，去坚持。最终会迎来更豁达绚烂的风景，更美好的人格心性。

柴燥燥

口语化地形容出吃到菜帮时的口感，贴近文章的特色和风格。

熬

一个"熬"字体现出面对人生中的风霜时的态度，也是激励我们。

阅读理解要点：

　　一层霜降一层寒，本文的霜却偏偏是暖的，这是为何？原来是因为霜赋予事物的那种与众不同的品格：在风霜中坚持，因风霜而蜕变。于是物理上造成冷效果的霜给人带来了心理上的暖，这便是作者笔下霜的深层次含义。

写作方法：

　　本文的开头是一句简短的诗句，给读者眼前一亮的感觉，也为文章增添了些许诗意。我们在写作时也可以借鉴这种方法。

解析范文线索:

用暖国的雨引出雪是由雨凝结而成→孩子们肆意地在雪地中玩耍→雪花旋转升腾,体现出雨的精魂

雪

文/鲁　迅

佳句解析

作者开篇起笔没有直接写雪,而是写暖国的雨,旨在说明雪是雨所凝结而成的,二者是同质的姊妹。

　　暖国的雨,向来没有变过冰冷的坚硬的灿烂的雪花。博识的人们觉得他单调,他自己也以为不幸否耶?江南的雪,可是滋润美艳之至了;那是还在隐约着的青春的消息,是极壮健的处子的皮肤。雪野中有血红的宝珠山茶,白中隐青的单瓣梅花,深黄的磬口的蜡梅花;雪下面还有冷绿的杂草。蝴蝶确乎没有;蜜蜂是否来采山茶花和梅花的蜜,我可记不真切了。但我的眼前仿佛看见冬花开在雪野中,有许多蜜蜂们忙碌地飞着,也听得他们嗡嗡地闹着。

　　孩子们呵着冻得通红,象紫芽姜一般的小手,七八个一齐来塑雪罗汉。因为不成功,谁的父亲也来帮忙了。罗汉就塑得比孩子们高得多,虽然不过是上小下大的一堆,终于分不清是壶卢还是罗汉,然而很洁白,很明艳,以自身的滋润

相粘结，整个地闪闪地生光。孩子们用龙眼核给他做眼珠，又从谁的母亲的脂粉奁中偷得胭脂来涂在嘴唇上。这回确是一个大阿罗汉了。他也就目光灼灼地嘴唇通红地坐在雪地里。

第二天还有几个孩子来访问他；对了他拍手，点头，嘻笑。但他终于独自坐着了。晴天又来消释他的皮肤，寒夜又使他结一层冰，化作不透明的水晶模样，连续的晴天又使他成为不知道算什么，而嘴上的胭脂也褪尽了。

但是，朔方的雪花在纷飞之后，却永远如粉，如沙，他们决不粘连，撒在屋上，地上，枯草上，就是这样。屋上的雪是早已就有消化了的，因为屋里居人的火的温热。别的，在晴天之下，旋风忽来，便蓬勃地**奋飞**，在日光中灿灿地生光，如包藏火焰的大雾，旋转而且升腾，弥漫太空，使太空旋转而且升腾地闪烁。

在无边的旷野上，在凛冽的天宇下，闪闪地旋转升腾着的是雨的精魂……是的，那是孤独的雪，是死掉的雨，是雨的精魂。

奋飞

体现了一种独立与张扬的个性精神，这种精神也是作者一以贯之的前行动力。

阅读理解要点：

《雪》是鲁迅先生的散文诗集《野草》中的一篇散文诗，描写了一幅美妙多姿的雪景图。它是《野草》里的佳作，也是现代文学史上的名篇。本文通过对江南雪景柔美和北方雪景壮美的细致描绘，表达了作者对北方的雪的喜爱之情，寄托了作者对美好生活的憧憬，更加体现了作者敢于直面惨淡人生、不屈不挠的精神。

作家档案袋：

鲁迅，原名周树人，浙江绍兴人。主要作品有小说集《呐喊》《彷徨》《故事新编》、散文诗集《野草》、散文集《朝花夕拾》及大量杂文。他是伟大的文学家、思想家、革命家，五四新文化运动的重要参与者，中国现代文学的奠基人。

解析范文线索：

云之形→云之色→云变成雨→感悟自然之壮美

一朵过路云

文/王宗仁

亮点解读

"匆"这个字既是拟声词，又可以表现出云出现得着急与突然。

　　山洼里升起一朵云，匆匆匆匆匆匆，像一阵柔柔的风，没有遮住太阳，却把晴空映衬得更蔚蓝。

　　云呀，它是太阳抽出的金丝。

　　一朵云拧下了一场雨，好猛、好大的雨，汽车的篷布被砸得嘭嘭乱叫。

　　三分钟，云走雨停。

雨后，地上竟然不见一滴雨，只是空气显得更湿热，像刚从蒸笼里跑出来的气流。

雨呢？

在空中变成了河，从空中流走了。

雨被日光熔化了，雨被热风卷走了。

汽车仍然在尘土飞扬的沙漠里行驶。

那朵云又飘到别处去倾泻，还是那么大，那么猛，那么干燥——大地照例没有得到滋润。

过路云，你虽然有壮丽的分娩，却不见生命的躁动。我不认识你时感到你是那么新鲜，今天相识了却觉得你是那么陌生……

佳句解析

这句话运用了比喻的修辞方法，将雨后空气比喻成从蒸笼里跑出来的气流，生动形象地写出了此时空气白蒙蒙的形象。

阅读理解要点：

作者以极为凝练的语言，描述了一朵云的到来与离开，即一朵云的路过，有一种自然之壮美，富有情感底蕴。

写作方法：

本文虽以"云"为题眼，直接描写云的笔墨却不多。第一自然段，写云之形，"像一阵柔柔的风"；第二自然段，写云之色，即"太阳抽出的金丝"。接下来，作者看似写"雨"，却通过对雨的描述，使得云的形象更为立体——雨声大、雨势猛、雨落急、雨忽停，这一系列太阳雨的特征，突出了那朵云的个性特征——看似不动声色，却能扭转乾坤于无形。这样一来，结尾的情感抒发便顺理成章，流畅自然。

解析范文线索：

"我"和伙伴们一起在水门汀上描竹影→爸爸讲述竹画和中国画的内涵

竹 影

文/丰子恺

吃过晚饭后，天气还是闷热。我和弟弟就搬了藤椅子，到屋后的院子里去乘凉。

不久，门口一个黑影出现，来的是弟弟的同学华明。

"你们惬意得很！这椅子给我坐的？"他不待我们回答，一屁股坐在藤椅上。

椅子背所靠的那根竹，跟了他的动作而发抖，上面的竹叶作出萧萧的声音来。

我们同时发现了映在水门汀上的竹叶的影子，同声叫起来："啊！好看啊！中国画！"

华明就拿半寸长的铅笔去描。弟弟手痒起来，连忙跑进屋里去拿铅笔。

我赶忙喊他："给我也带一支来！"不久他拿了一把木炭来分给我们。

大家蹲下去，用木炭在水门汀上**参参差差**地描出许多竹叶来，一面谈着："这一枝很像校长先生房间里的横幅呢！"

"这一丛很像我家堂前的立轴呢！"

"这是《芥子园画谱》里的！"

忽然一个大人的声音在我们头上慢慢地响起来："这是管夫人的！"

形容不一致、不整齐的样子，参参差差反映出竹子生长的状态，临摹起来有难度，引出下文画作的传神。

大家吃了一惊，立起身来，看见爸爸反背着手立在水门汀旁的草地上看我们描竹。华明难为情似的站了起来，似乎害怕爸爸责备他弄脏了我家的水门汀。

爸爸似乎很理解他的意思，立刻对着他说道："谁想出来的？这画法真好玩呢！我也来描几瓣看。"

弟弟连忙捡木炭给他。我们一边描，一边问爸爸："管夫人是谁？""她是一位善于画竹的女画家。她的丈夫名叫赵子昂，是一位善于画马的男画家。"

"马的确难画，竹有什么难画呢？照我们现在这种描法，岂不很容易又很好看吗？"

"容易固然容易，但是这么'依样画葫芦'，终究缺乏画意，不过好玩罢了。画马的困难在于马本身，画竹的困难在于竹叶的结合。粗看竹画，好像只是墨笔的乱撇，其实竹叶的方向、疏密、浓淡、**肥瘦**，以及集合的形体，都要讲究。"

"竹为什么不用绿颜料来画，而常用墨笔来画呢？用绿颜料撇竹叶，不是更像吗？"

"中国画不注重'像不像'，凡画一物，只要能表现出像我们闭目回想时所见的一种神气，就是佳作了。墨是红黄

佳句解析

这句话是对华明的神态描写，从侧面可以看出华明当时由于弄脏了"我"家的水门汀而感到不好意思，同时怕大人批评的童真样子。

肥瘦

原本用来形容人的状态，这里用来形容竹叶，更加传神。

蓝三原色等量混合而成的,看似只有一色,其实包罗世界上所有的颜色。故用墨来画竹,是最恰当的。倘然用了绿颜料,就因为太像实物,反而失却神气。"爸爸说到这里,丢了手中的木炭,立起身来。

夜渐深,华明就告辞了。

我回到堂前,看见中堂挂着的立轴——吴昌硕描的墨竹,似觉更有意味。那些竹叶的方向、疏密、浓淡、肥瘦,以及集合的形体,似乎都有意义,表现着一种美的姿态,一种活的神气。

阅读理解要点:

本文讲述的是"我"和伙伴一起在月光下描画竹影,当爸爸看见后,给我们讲述了竹画和中国画的内涵。从中表现了孩子的童真童趣,同时爸爸的话让"我"对中国画有了更加深刻的理解,感受到其博大精深。

写作方法:

这篇文章对人物的刻画很有方法,比如在描写华明的时候,起初用语言、动作描写给我们展现出了一个活泼开朗的孩子形象。细腻的观察使人物描写更加细腻,便于刻画人物形象。

作家档案袋:

丰子恺,原名丰润,又名仁、仍,号子觊,后改为丰子恺,堂号缘缘堂,中国当代书画家、文学家、散文家、翻译家、漫画家,被誉为"现代中国最艺术的艺术家""中国现代漫画的鼻祖"。

丰子恺在漫画、书法、翻译等方面均有突出成就,先后出版的书法和画集、散文著作、美术理论和音乐理论著作等共达160部以上。他的画作多以儿童为题材,幽默风趣,反映社会现象。其中漫画以"曲高和众"的艺术主张和"小中能见大,弦外有余音"的艺术特色备受世人青睐。

解析范文线索:

停下脚步观赏紫藤萝→回忆小时候的紫藤萝→由紫藤萝花感悟人生

紫藤萝瀑布

文/宗 璞

我不由得停住了脚步。

从未见过开得这样盛的藤萝,只见一片辉煌的淡紫色,像一条瀑布,从空中垂下,不见其发端,也不见其终极。只是深深浅浅的紫,仿佛在流动,在欢笑,在不停地生长。

紫色的大条幅上,泛着点点银光,就像迸溅的水花。仔细看时,才知道那是每一朵紫花中最浅淡的部分,在和阳光互相挑逗。

这里春红已谢,没有赏花的人群,也没有蜂围蝶阵。有的就是这一树闪光的、盛开的藤萝。

花朵儿一串挨着一串,一朵接着一朵,彼此推着挤着,好不活泼热闹!

"我在开花!"它们在笑。
"我在开花!"它们嚷嚷。

每一穗花都是上面的盛开、下面的待放。颜色便上浅下深,好像那紫色沉淀下来了,沉淀在最嫩最小的花苞里。

每一朵盛开的花就像是一个张满了的帆,帆下带着尖底的舱,船舱鼓鼓的;又像一个忍俊不禁的笑容,就要绽放似的。那里装的什么仙露琼浆?

运用比喻的修辞方法,将紫藤萝比喻成瀑布,生动形象地写出了紫藤萝生长极其茂盛的特点。

运用拟人的修辞方法,将紫藤萝生长茂盛,可爱灵巧刻画出来。

我凑上去,想摘一朵。

但是我没有摘。我只是伫立凝望,觉得这一条紫藤萝瀑布不只在我眼前,也在我心上缓缓流过。

流着流着,它带走了这段时间一直压在我心上的焦虑和悲痛,那是关于生死谜、手足情的。我沉浸在这繁密的花朵的光辉中,别的一切暂时都不存在,有的只是精神的宁静和生的喜悦。

这里除了光彩,还有淡淡的芳香,香气似乎也是浅紫色的,梦幻一般轻轻地笼罩着我。

忽然记起十多年前家门外也曾有过一大株紫藤萝,它依傍一株枯槐爬得很高,但花朵从来都稀落,东一穗西一串伶仃地挂在树梢,好像在察言观色。后来索性连那稀零的花串也没有了。园中别的紫藤花架也都拆掉,改种了果树。那时的说法是,花和生活腐化有什么必然关系。我曾遗憾地想:这里再也看不见藤萝花了。

这样美丽的紫藤萝瀑布通过文字仿佛就在眼前。

过了这么多年，藤萝又开花了，而且开得这样盛，这样密，紫色的瀑布遮住了粗壮的盘虬卧龙般的枝干，不断地流着，流着，流向人的心底。

花和人都会遇到各种各样的不幸，但是生命的长河是无止境的。

我抚摸了一下那小小的紫色的花舱，那里满装生命的酒酿，它张满了帆，在这闪光的花的河流上航行。

它是万花中的一朵，也正是一朵朵花，组成了万花灿烂的流动的瀑布。

在这浅紫色的光辉和浅紫色的芳香中，我不觉加快了脚步。

亮点解读

与开头呼应，让文章结构更加严谨和完整。

阅读理解要点：

本文作者通过观赏紫藤萝，回忆紫藤萝，以此感悟出人生哲理。紫藤萝茂盛的样子让作者享受着精神的宁静和生的喜悦，给作者心灵上暂时的慰藉。与曾经的紫藤萝相比，反衬出现在的紫藤萝顽强的生命力。结尾升华主题，不仅赞美紫藤萝的顽强生命力，更让作者对生活有了感悟，生命的长河是无止境的，要对生活充满信心，坚定地走下去，这样的人生也是灿烂的。

写作方法：

文章语言清冽，想象丰富，比喻恰当生动，情感含蓄婉转，表面写物实则抒情。在作者描写紫藤萝时也有一定的顺序，层次感很强。由整体到局部依次写出了紫藤萝花瀑布—花穗—花苞。

写作小锦囊
写童话的思维导图

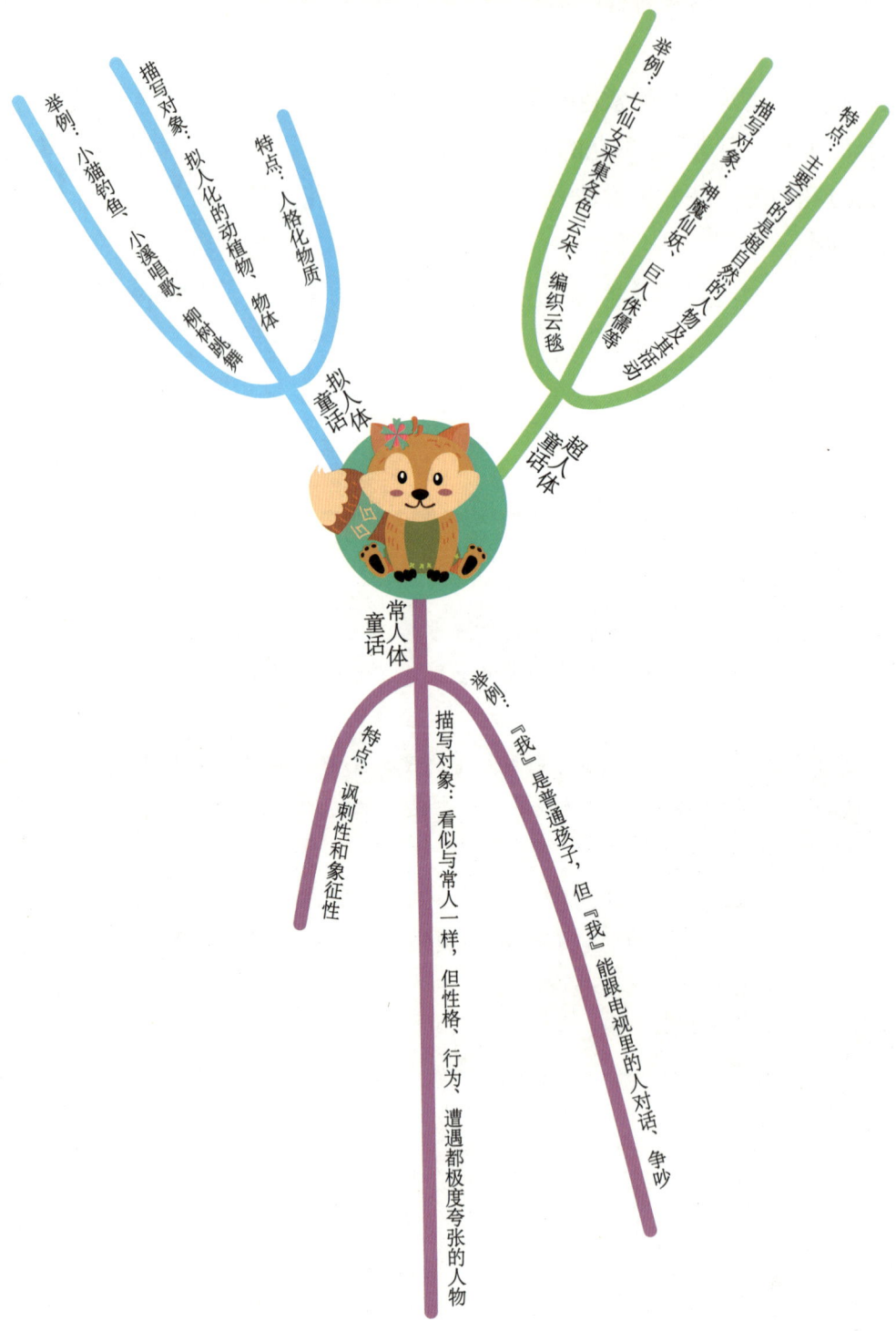

- 拟人体童话
  - 特点：人格化的动植物、物体
  - 描写对象：拟人化的动植物、物体
  - 举例：小猫钓鱼、小溪唱歌、柳枝跳舞

- 超人体童话
  - 特点：非凡的神力或超自然的力量
  - 描写对象：神灵鬼怪、巨人侏儒等
  - 举例：七仙女采集各色云朵，编织云毯

- 常人体童话
  - 特点：讽刺性和象征性
  - 描写对象：看似与常人一样，但性格、行为、遭遇都极度夸张的人物
  - 举例：「我」是普通孩子，但「我」能跟电视里的人对话、争吵

108

绿

文/艾 青

好像绿色的
墨水瓶倒翻了
到处是绿的……

到哪儿去找这么多的绿：
墨绿、浅绿、嫩绿、
翠绿、淡绿、粉绿……
绿得发黑、绿得出奇；

刮的风是绿的，
下的雨是绿的，
流的水是绿的，
阳光也是绿的；

所有的绿集中起来，
挤在一起，
重叠在一起，
静静地交叉在一起。

突然一阵风，
好像舞蹈教练在指挥，
所有的绿就整齐地
按着节拍飘动在一起……

解析范文线索：

冬冬想念大运河的日子，决定去看望石头→冬冬迷路了，吃尽了苦头→冬冬找到了石头，发现村子要拆迁了

冬冬要回大运河

文/王海滨

来城里半年多了，冬冬时常怀念在大运河边的日子。夏天，它跟着小主人石头到大运河里游泳解暑，义务担任救生员的角色；冬天，石头到大运河结冰的河面上滑冰、打雪仗，它狂吠助威。

后来，在县城开餐馆的爸爸妈妈接石头来城里读中学，冬冬也跟着离开了大运河。那时，冬冬满以为还会和从前一样跟石头形影不离。事实是，石头进了一所寄宿学校，只有周末才能回来。

冬冬决定去看望石头。它跑上一条马路，本以为马路的尽头就是石头的学校，就像以前大运河边那条道路一样，从爷爷家门口直通学校。可是，冬冬想错了，城市里的路，东西南北，四处延伸，每一条道路都拥挤着人流和车辆——它迷路了。

既然找不到小主人，又不知道怎么回餐馆，那就回大运河好了！大运河里的水是清亮亮的，两岸的庄稼是绿油油的。宁静的村庄里有祥和的小院，小院里的柿子树下，是不苟言笑的爷爷、面慈心善的奶奶和无穷无尽的关于冬冬和石头的童年记忆……

冬冬在路边捡了半块汉堡吃下肚，喝了一口积水，便沿着一条路开始向城外跑去。冬冬跑了一会儿，一扭头，发现

佳句解析

一路上冬冬遇到了许多困难，但它都坚持了下来，体现出冬冬的决心。

三个戴着白口罩、举着网兜的人正向它靠近。被网兜套住的时候，冬冬跳起来奋力咬住了其中一个人的手腕，另外两个人棍棒相加，拳脚并用，对它一顿毒打。冬冬右边的眉骨被打掉一小块皮，左后腿也断了，钻心地疼，但幸运的是它逃了出来。

所有的水都会汇聚到大运河，再流向大海，这是爷爷讲给石头听的。冬冬吃力地来到一条河边，沿着河堤，往背离城市的方向，一瘸一拐地走去。几天后，冬冬走到河流的尽头，发现小河果然汇入了一条更加宽广的大河。明晃晃的蓝天下，清亮亮的河水泛着涟漪，肥硕的鱼儿在水中游弋……没错，这就是大运河！沿着大运河走，就一定能回到乡下的家！

经过了一个又一个村庄，喜悦的梦破碎了一次又一次。

终于，半个多月后的一天，冬冬远远地又看到一处村庄。村口小学的上空飘扬着一面鲜红的旗帜，村中一棵柿子树上，还缀着几个小灯笼一样的红果！

冬冬不由自主地加快了速度，很快，它看见了一群熟悉的身影：爷爷、奶奶，居然还有小主人石头。他们显然不是来迎接冬冬的，因为他们眼睛看向的地方，村庄正在推土机的轰鸣声中化为平地。

冬冬已经没有叫喊的力气，它瘦削、狼狈的样子差点儿没被小主人认出来。但很快，石头就抱住冬冬喜极而泣："你跑哪里去了啊……我们的村子被拆迁了，以后都要住到社区去了……"

亮点解读

该段总结前文，开启下文，起到过渡的作用。

喜极而泣

本义指遇到了非常好的事而激动得流泪，这里表现出冬冬与小主人相聚时，小主人愉快又感动的心情。

阅读理解要点：

本文写的是小狗冬冬怀念在大运河的日子，想念小主人石头所以决定去找小主人，但是城市交通四通八达，可怜的冬冬迷路了，在回家的路上它吃尽了苦头，最后回到了家乡却发现乡村要拆迁了。文章以小狗冬冬的视角写出了城市虽然交通发达，但是缺少人情味，少了自然风光，表达了作者怀念乡村生活的情感，对城市生活的不习惯与失望。

解析范文线索：

沙尼觉得爸爸很冷漠，妈妈温柔又体贴→妈妈离开后，沙尼每向爸爸挑战，最终胜利了→爸爸告诉沙尼自己冷漠的真相，沙尼陷入了沉思

鳄鱼王的继承者

文/李袁媛

早晨的第一缕阳光光顾鳄鱼湾的时候，小鳄鱼沙尼已经老实地趴在妈妈身上扮演木头的角色。

"沙尼，昨天我看见爸爸了！它不愧是这里的鳄鱼王，那气势、那身形……"

沙尼应该骄傲的，可不知为什么，它总觉得心里有些空落落的。在沙尼的记忆里，爸爸从未正眼瞧过自己。它总是冷冷地从自己身边游过，好像沙尼只是一根水草或者一块木头。

比起冷漠的老爸，沙尼的鳄鱼妈妈简直又温柔又体贴——虽然外人不怎么赞同。从产蛋开始，鳄鱼妈妈就一直守护着孩子们。它赶走过馋嘴的苍鹭，击退过饥饿的大蚺，极力避免一切危险靠近自己的孩子。

佳句解析

将鳄鱼妈妈对孩子的爱，通过事例展现出来。

可惜妈妈在一个夜晚做了一个大胆的决定：顺着河滩的淤泥独自往上游爬行。从此之后，小鳄鱼们再也没有见过它们的妈妈。

接下来的几年，沙尼都过得提心吊胆。它不断提高自己的捕猎技巧，尽可能地多捕猎物，多吃多长肉。对鳄鱼而言，体重直接关乎战斗能力，吨位越大的鳄鱼在战斗中越有优势。

形容极其狂妄自大，在这里表示沙尼自以为没有谁能比得上它。

终于有一天，沙尼觉得自己足够强大，可以挑战爸爸了。它出现在这条**不可一世**的老鳄鱼面前，摆出一副要战斗

的架势。

"哪里来的小毛头？竟然敢挑衅我！"老鳄鱼王冷冷地看着沙尼。"我这辈子都在寻求你的认同，你竟然不知道我是谁！很好，那我就不用对你手下留情了！动手吧！"

这是一场很残酷的战斗。一开始，鳄鱼王明显处于上风，可沙尼的战斗技巧堪称一绝。这场恶战持续了很久，最后，沙尼终于打败了爸爸。

战败后的鳄鱼王潇洒地对着这个后生说："嘿，小子，干得不错！以后这片领地就是你的了！""我是你的儿子，我的目标就是打败你，杀杀你的傲气，现在我做到了。"

老鳄鱼听到这话顿了一下，然后真诚地说："孩子，这片领地你值得拥有。不要恨我多年来的冷漠。以你现在的年纪肯定也做爸爸了，那你关心、爱护过你的孩子吗？你认识它们每一个吗？你确保它们之中没有一个像你当年一样渴求爸爸的关怀吗？冷漠是每个鳄鱼爸爸的天性。只有最强的鳄鱼才能获得被父亲正视的机会，这是每条鳄鱼的宿命啊！"

"宿命……"沙尼默念着这两个字，陷入了深深的思索。

用沙尼的思考结尾，同时给读者以思考的空间。

阅读理解要点：
最初沙尼一想到爸爸那么冷漠心中就空落落的，甚至怀恨在心，在妈妈离开以后不断提高自己，当自己有能力与爸爸对决时与爸爸战斗，最终获得了胜利。而爸爸对自己的冷漠给出了解释，沙尼陷入了沉思，思考宿命。

思考与练习：
1.沙尼想到爸爸为什么心里会空落落的？
2."老鳄鱼听到这话顿了一下"，他在想什么呢？请补充对鳄鱼爸爸的心理描写。

解析范文线索：

外祖父骑着毛驴去赶集，回来时已经是晚上了→路上遇见两只大狗，毛驴被大狗吓跑了，慌乱之中锅盖的声音吓跑了两只狗→发现这两只大狗是狼，还跟在自己身后，一边敲锅盖一边跑回家→狼被吓跑了，外祖父大病了三天

河套里的狼

文/秋 泥

家母的故乡，在新民柳河沟镇西北三十里，早些年，那里的河套十分荒凉，时常有狼出没。

一天，外祖父赶集买了一个铁锅盖，添了些灯油等所需物件，见时间还早，就骑上毛驴喝酒去了。待酒足饭饱后，已是星星点灯。醉醺醺的外祖父跨上毛驴，没入夜色中。

不知过了多久，随着刺耳的"喷鼻儿"声，那头毛驴竟在快速行走间来了个紧急刹车，将毫无防备的外祖父"嗖"地颠到地上。

外祖父发现毛驴有些不对劲，只见它四腿僵直，浑身颤抖，背上鬃毛奋起，还不停地喷着响鼻儿。外祖父想：这毛驴咋了？他四处看看，猛然发现，不远处的树丛里，蹲着两只硕大的野狗。外祖父骂了一声："两只野狗，竟把你吓成这个样。"于是，外祖父找了根树棍子去轰狗。

一只野狗后退两步低下头，龇着白森森的牙齿和外祖父**对峙**。另一只野狗则绕过他向毛驴扑去，朝着驴肚子就是一口。那毛驴嚎叫一声，四蹄腾空，绝尘而去。驴背上的铁锅盖"咣当"一声掉在地上，发出的声音，在寂静的郊野格外响亮，把两只野狗吓得跑出老远。

外祖父觉得这野狗怎么不对劲：比一般的狗大不说，还长着一对细眼，长嘴巴，肚子吊得老高，一条大尾巴拖在地

佳句解析

这里是对毛驴的动作描写，细致入微的描写让我们感受到了毛驴当时受到了惊吓，很害怕的样子。为后文外祖父反打狼埋下伏笔。

对峙

意思是相对而立，在这里指野狗和外祖父对视，样子十分凶狠。

上，动起来悄无声息，透着说不出的邪性。外祖父"唰"地惊出一身冷汗：莫不是狼？想到这儿，他的腿竟软了，忙用木棍撑住。

一阵冷风吹过，外祖父打了个冷战。他定定神，左手拿锅盖，右手拄着棍子往家跑去。跑出几十米后，觉得身后好像有动静，他回头一瞧：天哪！那两只狼竟悄悄地尾随在他身后。外祖父怕狼从背后偷袭，只好站住了。那狼见人停下也左右分开，在两旁站定，用绿幽幽的眼睛死死盯住外祖父，其中一只还不停地舔着嘴边的血迹。

外祖父回想起这两只狼并没有去追赶毛驴，而是被掉在地上的铁锅盖吓跑的，外祖父灵光乍现，就用木棍使劲敲打铁锅盖，"当——"狼立刻被这响声吓跑了。外祖父大喜，立即撒开腿往家跑，且边跑边敲。那两只狼虽不甘心，也只能远远地跟在后面，不敢靠近。

当他敲着锅盖跑进村的时候，全村的狗一齐狂吠，终于吓跑了那两只狼。外祖父一进家门便瘫软在地上起不来了，衣服湿透了，锅盖也敲漏了，趴在炕上大病了三天。

灵光乍现

这里指外祖父突然有了灵感。

阅读理解要点：
　　文章讲述的是外祖父在河套边遇见了狼，描写外祖父与狼交手的过程时表现了外祖父仗着胆子与狼对峙，机智勇敢，也写出了狼十分狡猾，难以对付。

写作方法：
　　文章开头写到"那里的河套十分荒凉，时常有狼出没。"这里提到了河套和狼，为下文遇见狼打下伏笔。
　　"那毛驴嚎叫一声，四蹄腾空，绝尘而去。"这里三个四字词语连续使用，句子短小干脆利落，让人觉得当时气氛紧张，毛驴跑得非常快。运用语言特点烘托气氛值得我们学习。

解析范文线索：

猎人尕布上山打野味→遇到了一只黑熊→经过奋力抵抗，猎人尕布成功逃脱了

猎人尕布

文/蒲灵娟

猎人尕布，号称"尕大胆"。尕大胆生得高大魁梧，30岁出头，他自诩"天不怕，地不怕，豹子屁股也敢摸三下"。

这天，尕布决定上山打几只野兔或一只野羊，给家人换换口味。

清晨吃过早饭，尕布扛着猎枪上山了。沿着弯弯的小径，走在山路上，尕布吹起了口哨。一只山雀跟着啾啾地叫，似乎在比谁的声音更动听。

不知不觉，尕布走到了半山腰。他浑身是汗，坐在一棵淡紫色的杜鹃花树下歇一会儿。走了这么久，他连野兔的影子都没瞧见。而距离尕布十几步外的一棵青冈树上，一只大黑熊正虎视眈眈地看着他。

藏在树上的黑熊正在打瞌睡。忽然，它闻到了人的味道，双眼顿时射出幽幽的寒光。它悄悄滑下树，一步一摇晃地朝这边走来。

尕布站起来，准备向前走。刹那间，黑熊以迅雷不及掩耳之势扑过来，树叶哗啦啦飘落。黑熊一巴掌打掉了尕布手里的猎枪，再一巴掌将他打翻在地。黑熊亢奋地晃着头，两只熊掌按着尕布的肩，张开血盆大口，想一口咬断他的脖子。在这千钧一发之际，尕布使出全身力气，用双手死死卡

佳句解析

这里的动作、神态的描写将尕布当时处境危险给表现了出来。

住黑熊的咽喉部位，竭力不让黑熊咬到自己。黑熊狂嚎着，激烈地摆动着脑袋，一股刺鼻难闻的腥热气喷过来，随之而来的还有黑熊的唾沫。

尕布的双肩疼痛欲裂，他咬紧牙关，忍住钻心的剧痛，拼尽全身力气与黑熊搏斗。在这性命攸关之际，求生的念头使尕布爆发出超乎常人的力量，他强忍着剧痛，猛地一掀，竟将黑熊掀翻在地。黑熊咆哮着，又将尕布掀过来。人与熊在地上掀着、翻着，搅作一团，在林子里翻滚了几米远。这时，尕布脑海只有一个念头：要活着！

黑熊占了上风，它趴在尕布身上。尕布侧目一看，再往前一步，就会摔下山崖。他大吼一声，腾出双腿，积攒全身力气，朝压在身上的黑熊狠命一踹。同时，他用双手使劲一推，黑熊像个圆滚滚的黑皮球骨碌碌滚下了山崖。

尕布顾不上身上的痛，忙跑回原地，捡起猎枪。稍过片刻，黑熊已经爬上山崖，露出它那颗黑乎乎的熊头。黑熊看见了尕布手里的猎枪，听到砰一声枪响，慌忙缩回脑袋，赶紧滑下山崖，跑进树林躲起来。

尕布心有余悸，哪还有心思打猎？他紧紧握着猎枪，一路飞跑下山，点点血迹落在林中小路上……

这个段落有尕布的心理、动作描写，也有黑熊的动作描写，让我们感觉到黑熊的凶猛以及尕布内心的坚强，勇敢。

阅读理解要点：

这篇文章表现了人在性命攸关时刻会爆发出奇迹般的力量，赞美了猎人尕布的勇气与机智。整篇文章对熊和猎人尕布的细节描写很下工夫。

思考与练习：

1.请联系上下文解释虎视眈眈的意思。

2."尕布侧目一看，再往前一步，就会摔下山崖。他大吼一声，腾出双腿，积攒全身力气，朝压在身上的黑熊狠命一踹。同时，他用双手使劲一推，黑熊像个圆滚滚的黑皮球骨碌碌滚下了山崖。"这句话有什么描写，表现了什么？

解析范文线索：

老岩叔打猎回来变成了闷葫芦，开始隔三岔五偷偷上山 → "我"尾随老岩叔上山被他发现了，他带着"我"看到了三只小猴子并告诉"我"冬至那天发生的事

老岩叔的秘密

文/王 芳

我家在金山村，那是个背靠大山的小村落。村后是座小尖山，山林间藏有很多崖洞，山上常有野兽出没。

小时候村里的人会在农闲时上山捕猎。

我家的邻居老岩叔是村子里的老猎手，不过那年冬至发生了一件事，让他彻底放下了猎枪。

那年冬至，老岩叔一早就带着大黄狗旺财上山打猎了，直到傍晚都没回来。

老岩婶把饭菜做好放在灶台上，在院子门口伸长脖子望了好几次也望不到他的身影。

后来天黑了，又下起了雪，老岩叔还是没回来，他会打什么猎物回来呢？我一直等不到，便迷迷糊糊地睡着了。

第二天一大早，我一起床就跑去老岩叔家，却没见到什么猎物。

院子里静悄悄的，老岩叔一个人吧嗒着烟斗坐在竹椅上，皱着眉头。

也就是从那天开始，能说能笑的老岩叔成了一个"闷葫芦"。而且他开始隔三岔五地偷偷到山上去，去时肩上的口袋总是装得鼓鼓的，回来就空了。

一个周末的上午，老岩叔又背着鼓鼓的口袋出了门。

机会难得，我决心揭开这个谜底，赶紧尾随着他出

亮点解读

文章开头设置悬念，为开启下文做准备。

了村。我跟着老岩叔走过小竹桥、穿过野树林、走到滴水崖……我正暗暗佩服自己的机灵时,没想到一个大影子猝不及防地横在面前,抬头一看,是老岩叔。

"小海,吃了豹子胆了,敢跟踪你叔?"

"岩叔,你都好久没有带我玩了,我只好跟着你。"我嘟哝着。

看我这样,老岩叔心软了,我赶紧又呼哧呼哧跟在他的屁股后头,到了山顶的一个崖洞。

山洞很宽敞,四周躺着许多乱石头,老岩叔打了声口哨,从石头后面蹿出来三只黄色皮毛的小猴子。

他把袋里的花生、饼干拿出来分给小猴子们,三只小猴子吃着,发出愉快的叫声……这就是老岩叔的秘密吗?

喂过小猴子以后,没等我开口,老岩叔就主动向我讲起冬至那天发生的事来。

那天老岩叔本想打只大狍子,没想到子弹打进一团黄色的影子之中。老岩叔循着地上的血迹追到山洞里,眼前的一幕让他惊呆了——

洞里的一块大石头上,一只黄色的母猴身旁,围着三只小猴,正发出唧唧的叫声。

受伤的母猴用力挤着乳汁,殷红的鲜血和着乳汁一起滴下,流在一张大芭蕉叶上。随着时间流逝,母猴挤着乳汁的双手渐渐垂了下来,血从它头上不断涌出……母猴瞪着大眼睛望着小猴,临终时那绝望的眼神,竟让老猎手不敢再多看一眼。

佳句解析

一系列动作描写,将母猴在生命的最后时刻还要给小猴子喂奶,对小猴子不放心而绝望的画面刻画得十分详细,把母猴对小猴子的母爱表现得淋漓尽致。

一切都明白了。看见抢食吃的小猴子,想起猴妈妈,我难过得想哭。我拿了一大把花生,一颗颗地扔给小猴子们。

三只小猴吱吱叫着,快活得以为我在和它们做游戏。一只小猴子跑过来,试探着爬到了我的腿上,任凭我轻摸它的脑袋。

阅读理解要点:

文中"我"知道了事情的真相以后看到活泼可爱的小猴子,想到了猴妈妈难过得想哭。小猴子天真可爱,母猴子的母爱很伟大,老岩叔也被母猴子的母爱感动了,也很自责,再也不打猎了。

写作方法:

这篇文章的开头写道"我家的邻居老岩叔是村子里的老猎手,不过那年冬至发生了一件事,让他彻底放下了猎枪"。为什么猎手不打猎了?那年冬至发生了什么事情呢?在文章开头这样写会引起读者的阅读兴趣,为开启下文做准备。

思考与练习:

1.老岩叔的秘密是什么?

2.看见抢食吃的小猴子,想起猴妈妈,"我"为什么难过得想哭?

解析范文线索：

"我"去给一头小象看病→"我"给小象消毒弄疼小象，遭到公象的报复、母象的不满→"我"配合着小象的情绪，给它清洗好创口，治好了小象→一个多月后，大象一家子扔给"我"一个蜂窝，作为回报

给大象拔刺

文/沈石溪

那天清晨，我背着药箱到橡胶林去巡诊，途中却被一公一母两头大象"**劫持**"，押到一头小象身前给它看病。

小象比牛犊大不了多少，它咧着嘴，鼻子有气无力地甩打着，右前腿血汪汪的。好聪明的象啊，好像查过档案似的，知道我是赤脚医生。

我不敢怠慢，立刻给小象检查伤口：是一根一寸长的铁钉扎进了小象的足垫。

首先是消毒，我抬起小象的脚，将酒精泼进创口，没想到小象"哇"的一声哭了。立刻，我的脖子被公象的长鼻子勒住了往上提。显然，它不满意我把小象给弄疼了。

我脚尖点着地，已快喘不过气来。就在这时，母象走过来，把它的长鼻搭在公象的鼻子上，摩挲了几下，嘴里还"呀呀啊啊"地叫着，估计是在劝公象不要发火。公象打了个响鼻，松开了"绞索"。

我**心有余悸**地把尖嘴钳伸进小象的伤口。还没开始拔钉子呢，小象又哭爹喊娘起来。我害怕公象再次给我上"绞刑"，赶快将半瓶止痛片塞进小象嘴里。遗憾的是，这么大剂量的止痛片对小象却不起作用。

劫持

这里指被两头大象要挟。挟持，加上引号表示特殊含义，用幽默的语言写出了大象的蛮不讲理。

心有余悸

"悸"是指因为害怕而心跳得厉害。心有余悸，这里指公象虽然放开了"我"，但"我"回想起来心里还是会后怕，形象地写出了公象给"我"带来的惊吓。

虎视眈眈

就像老虎盯着猎物一样，一刻都不肯放松，这里指公象时刻盯着"我"的一举一动，毫不懈怠。

佳句解析

写出了"我"为了让小象停止呻吟想尽了办法，也体现了公象和母象对小象的爱。

公象**虎视眈眈**地盯着我，长鼻高高翘起。我冷汗涔涔，实在想不出有什么办法能让小象停止呻吟。

逼急了，我冲着小象破口大骂："坏东西，你叫个鬼！我好心好意替你治疗，你还想让你爹杀了我呀！"我这一发怒把小象给镇住了，它泪汪汪的双眼惊愕地望着我，我趁机把钉子拔了出来。

下一步要清洗创口，小象又快疼哭了。我再次恶狠狠地大声唾骂："闭起你的嘴！"小象倒是被我吓住了，可母象不干了，嫌我太粗暴，宽宽的象嘴对准我的耳朵，"嗷——"地大吼了一声。我的脑袋"嗡嗡"响，耳膜发涨。

我不敢再骂小象，更不敢再让它呻吟，便只有跟它一起哭。它疼得要叫唤时，我也扯起喉咙拼命喊疼；它身体哆嗦时，我也在地上颤抖打滚；它痛苦得乱甩鼻子时，我也揪住胸口摇摇晃晃。

公象和母象大概觉得我和它们的小宝贝双双痛苦很公平，于是安静下来，不再干涉我的治疗。

我终于把小象的创口清洗干净，撒了消炎粉，又用厚厚的纱布包扎起来。

过了一会儿，小象站了起来，一瘸一拐地勉强能行走了。公象和母象这才扔下我，护着小象进了树林。

一个多月后，我又从那条路走过，突然，"啪"的一声，一只野蜂窝掉在我面前，里头蓄满了金黄色的蜂蜜。我抬头一看，曾经"绑架"过我的大象一家子正站在路边的草丛里。

小象欢快地奔到我面前，柔软的鼻子伸到我的鼻子上来。象和象表示亲热，是鼻尖和鼻尖钩在一起"握鼻"。可惜我的鼻子没法和它"握鼻"。

和前文的"劫持"相呼应。

阅读理解要点：

　　作者是一位动物小说家，熟悉大象的生活习性，在作者的笔下，大象极其聪明，又通人性。读着读着，我们仿佛忘了"我"面对的是大象一家，而只是一对着急和心疼孩子受伤的父母，以及受了委屈就嗷嗷大哭，开心了就欢天喜地的天真可爱的孩子，事后又懂得感恩的一家人。作者的文笔就是有这样的魔力。

写作方法：

　　本文把大象一家当成了有灵性的人来写，语言非常生动有趣，比如"劫持""虎视眈眈""惊愕""欢快"等，让人沉浸在这样的语言表达中，逐渐忘记了人和象的区别，又觉得这些语言再贴切不过。

> **解析范文线索：**
>
> 欢欢獾被华里骗后遇到了蜜獾，变得勇敢起来→华里回来找欢欢獾以后，蜜獾和欢欢獾经常吵架，最后蜜獾走了→当欢欢獾和华里遇到大灰狼，华里抛下欢欢獾走了，蜜獾及时出现，两只小动物和好了

蜜獾哥的别样温柔

文/李袁媛

"欢欢獾，你进洞时千万要小心，这些草原犬鼠的洞穴是弯的，你可别磕着……"郊狼华里叨叨个没完，可欢欢獾一点儿也不觉得烦。<u>它乖巧地仰着头，眼睛闪闪地盯着华里</u>。"它真关心我，我一定要加倍报答它。"欢欢獾握紧小爪子，头也不回地钻进鼠洞。

欢欢獾在漆黑的鼠洞里爬得飞快，肥嘟嘟的草原犬鼠被驱逐出洞，刚好成为守在洞口的华里的美餐。等到欢欢獾带着一身土钻出洞穴，打算和华里一起共享盛宴时，洞外除了几撮鼠毛，什么都没有。

"笨蛋，你肯定被骗了，而且不止一次。"一只大獾慢悠悠地从石头后<u>踱</u>出来。

"你胡说！"欢欢獾极力维护华里，"你凭什么说我最好的朋友！"

蜜獾看着眼前想气又不敢气的欢欢獾，忍不住笑出了

佳句解析

这里是对欢欢獾的神态描写，眼睛里闪闪地望着华里，写出了欢欢喜欢华里，觉得华里很关心他。

踱

意思是慢步行走，这里写出了蜜獾慢悠悠、自由自在的样子。

声："你真是太好玩了，我还从来没见过像你这么笨的獾。来当我的跟班吧，哥教你如何做一只技压群雄的獾。"对对方的盛情邀请，欢欢獾只是简单有力地回了三个字："哼，我不！"

"唉，你捕鼠的技能太差啦！会钻洞也不行，主要还是得快……"欢欢獾被这家伙唠叨个没完，烦得直跳脚。可对方接着说："加油，保持这份愤怒，以后遇到任何敌人就怀着怒气冲上去……记住，愤怒让你勇敢，愤怒让你无敌！"

这真是一件奇妙的事，虽然蜜獾处处嫌弃欢欢獾，但是欢欢獾自从被它缠上之后，发现自己确实厉害了一些，胆子也大了不少，不但可以单挑大蛇，就是遇上一只落单的小牛，也不再像以前那样，吓得赶紧躲进洞里。

"欢欢獾，你在吗？我是华里。你能不能出洞来？我有话跟你说。"天刚蒙蒙亮，忙碌了一整晚的欢欢獾刚刚回洞休息，就听见洞外传来华里的声音。

欢欢獾忙不迭地冲出洞，一脸欣喜地看着华里。华里一脸真诚地对欢欢獾说："欢欢獾，你是我最真诚、最善良的朋友。除了你，不会有其他人对我这么好了。你能不能原谅我，我们重新做朋友？"

华里和欢欢獾重修友谊之后，和蜜獾常常会吵起来，有时是因为捕猎方式，有时是因为欢欢獾，有时甚至什么都不为，莫名其妙就起冲突。而夹在中间笨嘴笨舌的欢欢獾经常谁都说不过，只能懊恼地扒拉着地。终于，一次剧烈的冲突之后，蜜獾头也不回地离开了。

对蜜獾的离开，华里显然很兴奋："欢欢獾，现在就剩下我们了，再也不会有人破坏我们的友谊了。"欢欢獾心里说不出的憋闷……其实，它并不想让蜜獾走。

缠

从这个词语可以看出欢欢獾现在有点讨厌蜜獾，并不是很情愿和蜜獾在一起。

这里是对欢欢獾的动作描写，写出了欢欢獾说不过另外两个，夹在中间十分为难。

"欢欢……欢欢獴，救命，是是是狼！"华里的惊呼，将欢欢獴的思绪拉回现实——一匹高大健壮的灰狼流着口水堵住了它们的去路。

"华里，你别怕，我会保护你的……华里？"欢欢獴的话还没说完，腿长的郊狼已经跑出老远，只留下欢欢獴独自面对饥饿的灰狼。关键时刻，蜜獾跑了出来。它虽然个头不大，但凭借无畏的勇气和死缠烂打的作战手段，最终成功赶跑了灰狼。

"蜜獾哥……"欢欢獴想想丢下自己逃跑的华里，再想想为自己勇敢战斗的蜜獾，忍不住红了眼眶，它哽咽道，"蜜獾哥，我知道真正的朋友应该是什么样子了。你能不生我的气吗？"

"废话真多！还不快跟上！"瞧，这就是蜜獾哥表现友爱的方式，霸道又温柔。<u>欢欢獴赶忙迈着小短腿，噔噔噔地追了上去。</u>

佳句解析

从这里的动作描写，可以看出欢欢獴兴奋的样子。

阅读理解要点：

本文写的是欢欢獴、蜜獾和华里三只小动物之间的友情。起初欢欢獴对华里十分信任和喜欢，但是经过两次被华里欺骗后看清了华里的真面目，也清楚地意识到蜜獾才是真正的朋友，蜜獾虽然说的话不好听但是可以让欢欢獴变得勇敢，在危难时刻挺身而出。

写作方法：

本文语言幽默风趣，不时让人捧腹大笑。另外，很多细节描写可以让读者感受到当时想表达的心情。

思考与练习：

1. 欢欢獴第一次被华里欺骗后，蜜獾让欢欢獴远离华里时，欢欢獴的心情是什么样的？

2. 你觉得欢欢獴，蜜獾和华里分别是什么性格？

> **解析范文线索：**
>
> 深秋的一个下午"我"去上山摘栗子，看见一头野猪在啃食山芋→一群豺狗围猎野猪，"我"在树上观看了全过程→长大后明白豺狗围捕野猪，尽管场面惨烈，但是豺狗们赢在团结协作上，野猪败在单打独斗上

围　猎

文/钱荣斌

　　正值深秋，山上的树叶红了、黄了，像被涂抹上了大片暖色。这天下午，我想起离家不足一里地的山上有几棵栗子树，栗子成熟了，正是采摘的好时候。于是我顾不得邀上伙伴，就独自上山了。

　　山不高，几棵栗子树就分散在林边的缓坡地旁。我顺手用刀削了根三米多长的竹竿，用作打栗子的工具，三下两下，就爬上了两人多高的树杈。正在我全神贯注打栗子的时候，听到不远处的灌木丛里"哗哗"作响。

　　我屏住呼吸，停下手中的竹竿，仔细一看。嘿，是一头足有一两百公斤的公野猪。它体格健壮，异常凶猛。野猪嗅觉灵敏，但它似乎没发现我，或者根本就忽视了我的存在，"呼哧呼哧"地直奔山芋地，**毫无顾忌**地用那坚硬上翻的鼻翼，像翻犁土地一样，翻拱着地里的食物。

　　山里太阳落山早，一抹残阳将远处天际染成大块血红色。我正想挥动竹竿，撵走野猪，好早点下山回家时，另一幕发生了。

　　附近林中的灌木丛急速向两边摆动，一条、两条、三条——先后如闪电般，"嗖嗖"地蹿出二十余条大小不一像狗一样的动物。我心里一阵发怵，惊出一身冷汗，双手抓着

毫无顾忌

没有顾虑，用在这里表现出野猪的胆子大，不怕人。

过渡句，让文章更加顺畅、过渡自然。

佳句解析

这里写出了我身体的变化，还有我的动作，反映出我当时内心紧张害怕。

亮点解读

过渡段，让读者的心跟着他一起提了起来。

树干赶紧缩着身子再向上爬，尽量离地面远一点。因为我明白，这是传说中的豺狗。

直到豺狗们到了跟前，野猪才从埋头拱地的陶醉中反应过来。可令我惊讶的是，此时的野猪并不慌张。它一边"哼哧哼哧"地打着响鼻，一边还不忘低头刨着地里的食物，显然它轻视了眼前这些体小形瘦的对手。但眼前豺狗们并没有轻敌，它们精心布局，兵分几路，按照各自的分工，渐渐从四周包抄过来。

一场恶战一触即发。我怔了怔，尽力平复怦怦乱跳的心情。

豺狗们并不急着出手，而是围在野猪前后左右，不停地兜着圈子，似乎在有意挑衅、戏弄野猪。僵持了两三分钟，耐不住性子的野猪主动出击，后腿蹬直，前腿蜷曲，发力拱向正前方的一条领头豺狗，领头豺狗向左一闪，野猪扑了个空，一头拱到地上，腾起一片沙土。瞬间，前方靠右的一条豺狗猛跳上来，对准野猪颈脖喉管处狠咬一口，可惜野猪皮糙肉厚，仅在颈脖处划出一道血痕。接着，左右及后方的几条豺狗一拥而上，各显神威，抓的抓，咬的咬，野猪躲闪不及，身上划下道道血迹。

一身伤痕的野猪，自知遭遇了一帮凶狠的对手，一边咆哮撕咬，甩尾扇耳，一边想着找准空当，迅速突围，趁机溜出伏击圈。

可狡猾的豺狗，哪肯轻易放过眼前这头肥硕的猎物。周旋了七八分钟，豺狗们似乎与野猪玩腻了、玩累了，也想尽

快结束战斗。突然，一条豺狗似是训练有素的神兵，从野猪身后纵身跃上野猪背，利爪死死抠在野猪的皮肉里。顿时，野猪一蹦老高，一股猩红的血汩汩涌出，疼得野猪"嗷嗷"嚎叫，这令在树上静观其变的我，大惊失色。

但这一利爪并没击中野猪要害，只是伤及野猪皮肉。我想，接下来，更惨烈的一幕将要发生。

只见，野猪背后的一条豺狗，瞅准机会，以迅雷不及掩耳之势，纵身一跃，一只利爪下去，抓中野猪的要害。野猪条件反射地猛蹬后腿，传来一阵撕心裂肺的嚎叫，踉踉跄跄地奔跑了几步，便一头栽倒在刚刚啃食了一半的山芋旁——

长大后，我才从这一记忆犹新的事件中，明白了一个浅显的道理：豺狗围捕野猪，尽管场面惨烈，但是豺狗们赢在团结协作上，野猪败在单打独斗上。

佳句解析

这里运用了比喻的修辞方法，把豺狗比喻成神兵，生动形象地写出了豺狗对付野猪时很有方法，可谓稳准狠！

阅读理解要点：

本文写的是作者在树上观看了一群豺狗围猎一头野猪的全过程，当时被吓到了，但是长大后明白了豺狗围捕野猪，尽管场面惨烈，但是豺狗们赢在团结协作上，野猪败在单打独斗上，意识到团队合作的重要性。

写作方法：

这篇文章主要讲述的是豺狗围猎野猪的过程，记叙过程是这篇文章最精彩的部分，作者语言幽默，不光写了他看到的围猎野猪的过程，还写了他当时看到后心理的变化、身体的变化，让读者的情绪不自觉跟随着他的情绪变化，如同身临其境。

另外这篇文章之所以写得这么精彩，还在于作者把每个细节都描述得十分清楚，这得益于他在观察时十分细心。

解析范文线索：

"我"看到猞猁去偷雏雕→就在快要捉到金雕母女时被牧人打中时，猞猁落荒而逃

峡谷惊魂

文/刘 虎

峡谷位于祁连山深处，逼仄、陡峻，谷底长年有冰。崖壁上住着一对金雕。

猞猁害怕成年金雕，但喜欢金雕的蛋，更垂涎金雕的雏鸟。

这天，猞猁奔波了一晚也没猎获食物，她**垂头丧气**地经峡谷返回，却察觉到巢穴里似乎只有雏雕的气息。猞猁先装作若无其事的样子，在沟底走了几个来回，同时竖着耳朵，探寻可能潜伏的猎手。又故意跃上悬崖，在比较醒目的地方夸张地来回跳跃。确定没有危险后，猞猁才从容地在陡峭的崖壁上轻灵攀登。

几天前，金雕爸爸出猎不利没能再回来，只剩妈妈养家糊口。峡谷里一丝一毫的异常响动，都让雏雕心生恐惧。

很快，猞猁就来到了距离巢穴不到五米的上空，寻找进入巢穴的最后通道。

这对金雕夫妇真是太聪明了！巢穴正好搭建在一块悬到半空的岩石下面。岩石的底面伸出崖壁外侧两米多，而顶面非常狭窄。想在促狭的岩石上站稳身子，猞猁必须不停地挪动脚步，调整体态。她将一小块石头蹬了下去。石块落在巢穴边沿，猛地一弹，溅起很多碎石。无数的碎石飞向雏雕，她先是本能地向后一缩，随即扑打着短小的翅膀冲出巢穴，

垂头丧气 形容情绪低落、失望懊恼的神情。

佳句解析 运用了拟人的修辞手法，写出了猞猁的狡猾。

追随着那个莫名其妙的石块朝悬崖下坠落。

<u>正一筹莫展的猞猁一阵惊喜。</u>她的身体像光一样在悬崖的石壁上闪烁，不多会儿就下到了谷底。来到雏雕即将跌落的位置，猞猁抬起前脚，闭上眼，仰起脑袋，张开大嘴迎接美食。

一块石头先行抵达，"吧嗒"一声落进猞猁的嘴里。猞猁呻吟一声，就地打了个滚。雏雕恰好掉在猞猁柔软的脊背上，随着她的翻滚，又斜扑到一个柔软的雪窝子里。猞猁调整姿势准备出击，脑袋又被一道来自天空的鞭影狠狠一抽——危急时刻，雏雕的母亲赶到了。

亮点解读

这句话使用了拟人的修辞方法，同时是过渡句，承上文的没有捉到雏雕，开启下文马上就可以等到雏雕掉进嘴里了。读者的情绪也跟着由开心变成紧张。

猞猁被金雕翅膀打得连翻几个跟头。她心如死灰地等待致命一击时，却被眼前的场景激出一阵窃喜——金雕救子心切，俯冲力量过大，在惯性的作用下滚落到地上。本来只想得到一块小点心，却有一块大蛋糕送上门，猞猁张开大嘴扑向金雕。就在雏雕的母亲无可奈何地等待死神降临时，一颗不知从哪里来的石头，又稳又狠地打在猞猁的后腿上。猞猁惨叫一声，落荒而逃。

伴随一阵丁零当啷的驼铃声，牵着骆驼的牧人出现在峡谷，是他用炮石解救了金雕母女。见到牧人，金雕母亲一惊：这不是刚出龙潭又入虎穴吗……

阅读理解要点：

猞猁偷雏雕的过程十分惊险，对猞猁来说又喜又惊，对读者来说担心雏雕的安危，情绪起起落落。文章最后本以为金雕母女得救了，不想遇到了牧人，让人十分失望。

写作方法：

这篇文章将动物都拟人化，对动物也赋予想法，其实有些是作者的猜测，但是合理的猜测加入描写中，阅读起来更加有意思。

解析范文线索：

里克和妈妈落在了驯鹿群的队尾→遇到北极狼→妈妈为救里克丧命北极狼口，里克得救回到了驯鹿群继续前行

驯鹿迁徙时

文/袁 博

冻原上只有无穷无尽的风雪声。

阵阵强烈的暴风雪在九月的极地冻原上呼啸，如同一片难以拨散的雾。在沉沉的迷雾中，大群的驯鹿正在小心翼翼地向南方迈动脚步。

里克是一只小驯鹿，今年夏天刚出生。有生以来，里克第一次和如此多的驯鹿结成大群，走在一起。不过，与其他兽群不同，迁徙中的驯鹿群没有首领。来自不同地方的驯鹿不过暂时聚集在一起，在看似热闹的集体中孤独地前行。

渐渐地，里克和妈妈落在了驯鹿群的队尾。狂怒的风雪如**惊涛骇浪**般向里克扑来，尖刀一样的冰碴划在里克的面颊上，使它睁不开眼。里克的妈妈警惕地在它的旁边巡视，生怕有什么危险。

天黑了，夜色裹挟着暴风雪，使驯鹿群的身影变得模糊不清，掉队的驯鹿只能沿着鹿群的足迹寻找前进的方向。

几个雪白的影子在不远处来回晃动，几点幽幽的冷光若隐若现。

暴风雪更猛烈地呼啸起来，几乎吞没了天地间的其他声音。现在，里克眼前是一片凶险莫测的迷雾。

"呦——"里克的妈妈突然长鸣一声，带着里克迅速地向与白色身影相反的方向跑去。白色的身影逐渐化为几只尖嘴獠牙的野兽——北极狼。北极狼是世界上体型最大，同时

惊涛骇浪

本义是凶猛而使人害怕的波涛，这里指的是风雪非常大，环境险恶。

亮点解读

此处的环境描写烘托出紧张凶险的气氛。

也是最凶猛的野狼。奔跑的驯鹿刺激了狼群追逐的欲望。五六匹北极狼嗷嗷地发出令人毛骨悚然的嚎叫，白色的身影跃动在里克的身旁。里克不由自主地开始四肢瘫软，蹄子似乎牢牢地钉在雪地上，再也迈不动了。

妈妈急促地向里克呼唤，里克却呆呆地站在雪地上。追在最前方的北极狼似乎看出了里克心中的软弱，它绷紧肌肉，蓄势待发，准备全力向里克扑击。

突然，一个身影划过雪原，像一颗流星在旷野中燃起。追在最前方的北极狼猝不及防，被撞到五米开外的岩石上，当场毙命。

是里克的妈妈，它为了保护自己的儿子，迎面向狼群发起挑战。复仇的欲望激起了北极狼残忍的天性，它们迅速围住里克的妈妈，疯狂撕咬。

"呦——呦——"无助的里克急切地向妈妈呼叫着。

妈妈没有回应。里克拼命地扎进迷雾，带着心中的恐惧，向未知的方向奔逃……

里克重新回到了鹿群。在迁徙的途中，它再也没有离开鹿群，也没有再见到妈妈。和身旁陌生的驯鹿一样，它只知道低着头，沉默地在风雪中移动。

冻原上真安静，只有无穷无尽的风雪声。

佳句解析

这句话运用了比喻的修辞方法，生动形象地写出了里克动不了、僵直的样子。

佳句解析

这句话运用了比喻的修辞方法，生动形象地写出了里克妈妈动作很快，让我们感受到了妈妈的奋不顾身。

阅读理解要点：
本文写的是里克和妈妈从驯鹿群掉队了，妈妈为了救里克丧命北极狼口，里克回到了驯鹿群。文章赞美了驯鹿妈妈伟大的母爱。

写作方法：
文章开头和结尾都提到了冻原上有无穷无尽的风，这并不是重复，是首尾呼应，使结构更加完整。开头的风让人觉得冷，烘托出紧张的气氛。结尾的风无穷无尽，静静的，或许也衬托出里克此时伤心的心情。

写作小锦囊
写状物的思维导图

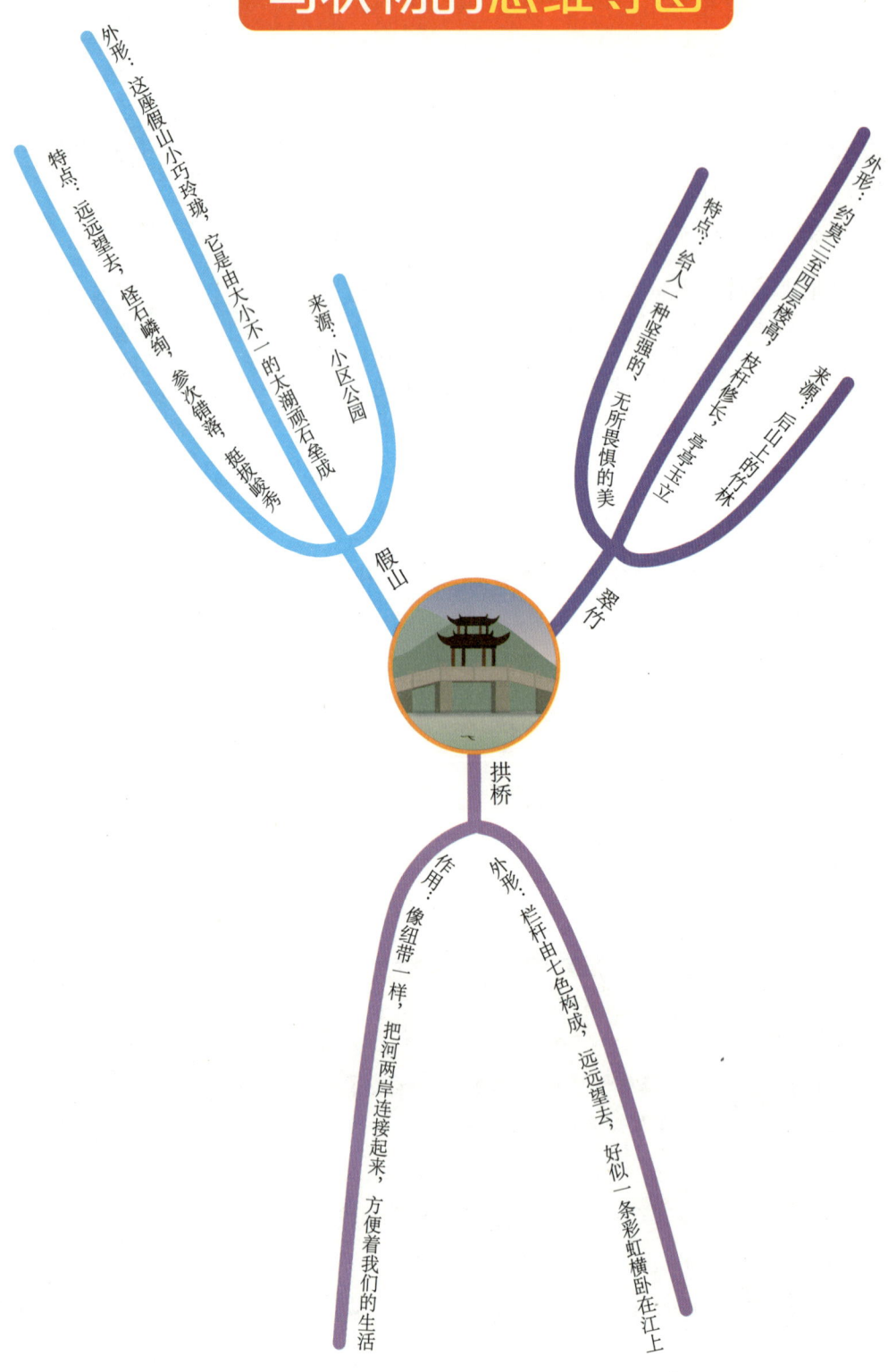

- 假山
  - 外形：这座假山小巧玲珑，它是由大小不一的太湖河石垒成
  - 来源：小区公园
  - 特点：远远望去，怪石嶙峋，参差错落，挺拔峥嵘

- 翠竹
  - 外形：约莫三四层楼高，枝杆参天，亭亭玉立
  - 来源：门口小路旁树林
  - 特点：给人一种坚强的、无所畏惧的美

- 拱桥
  - 外形：栏杆由七色构成，远远望去，好似一条彩虹横卧在江上
  - 作用：像纽带一样，把河两岸连接起来，方便着我们的生活